NomosAnwalt

Dr. Hans-Jochem Mayer
Rechtsanwalt, Fachanwalt für Arbeitsrecht und
Fachanwalt für Verwaltungsrecht

Das neue Erfolgshonorar

Grundlagen | Erläuterungen | Muster

Zitiervorschlag: Mayer Erfolgshonorar Rn. ...

Die Deutsche Nationalbibliothek verzeichnet diese Publikation in der Deutschen Nationalbibliografie; detaillierte bibliografische Daten sind im Internet über http://dnb.d-nb.de abrufbar.

ISBN 978-3-8487-8431-8

Hinweis:
Die Muster sollen dem Benutzer als Beispiele und Arbeitshilfen für die Erstellung eigener Dokumente dienen. Sie wurden mit größter Sorgfalt durch den Autor erstellt. Gleichwohl bitten Autor und Verlag um Verständnis dafür, dass sie keinerlei Haftung für die Vollständigkeit und Richtigkeit der Muster übernehmen.

1. Auflage 2022

Inhaltsverzeichnis

Einleitung

Kaum ein anderes vergütungsrechtliches Thema spaltet die Anwaltschaft so sehr wie das Thema Erfolgshonorar. In Befragungen der letzten 15 Jahre bestätigte sich immer wieder der Befund einer in der Frage anwaltlicher Erfolgshonorare in zwei annähernd gleich große Teilgruppen gespaltenen Anwaltschaft, nämlich zum einen die den Erfolgshonoraren aufgeschlossen gegenüberstehenden Anwälte und der Teilgruppe, die grundsätzlich auf ein Erfolgshonorar verzichtet.[1] 1

Während der Gesetzgeber durch das Gesetz der Neuregelung des Verbots der Vereinbarung von Erfolgshonoraren vom 12.8.2008[2] quasi reaktiv die Vorgaben des Bundesverfassungsgerichts aus der Entscheidung vom 12.12.2006[3] umsetzte, verfolgen die nunmehr am 1.10.2021 in Kraft getretenen Änderungen durch das Gesetz zur Förderung verbrauchergerechter Angebote im Rechtsdienstleistungsmarkt vom 21.8.2021[4] eine völlig andere Zielsetzung. Denn Ausgangspunkt der Neuregelung war die Erkenntnis, dass es aus verfassungs- und unionsrechtlichen Gründen nicht zulässig sein kann, bei der Erbringung einer identischen Rechtsdienstleistung einem Rechtsdienstleister ein Erfolgshonorar zu erlauben, einem anderen aber gesetzlich zu verwehren, so wie es bislang im Verhältnis Inkassodienstleister und Rechtsanwälte der Fall war.[5] 2

Zumindest was die rechtlichen Zulässigkeitsvoraussetzungen von Erfolgshonoraren angeht, stellt die jetzt in Kraft getretene Regelung einen Paradigmenwechsel dar. An die Stelle der hohen Zulässigkeitshürde in § 4a Abs. 1 S. 1 RVG aF tritt nunmehr ein System, welches drei verschiedene Varianten von Erfolgshonorarvereinbarungen unterscheidet. So ist nach § 4a Abs. 1 S. 1 Nr. 1 RVG eine Erfolgshonorarvereinbarung ohne weitere Hürden möglich, wenn sich der Auftrag auf eine Geldforderung von höchstens 2.000 EUR bezieht, eine solche Vereinbarung ist lediglich unzulässig, sofern sich der Auftrag auf eine Forderung bezieht, die der Pfändung nicht unterworfen ist. Des Weiteren erlaubt nunmehr § 4a Abs. 1 S. 1 Nr. 2 RVG ohne Höchstgrenze die Vereinbarung eines Erfolgshonorars bei einer außergerichtlichen Inkassodienstleistung oder wenn diese in einem der in § 79 Abs. 2 3

1 Siehe hierzu näher *Kilian*, Erfolgshonorare – Eine Zeitenwende, AnwBl Online abrufbar unter https://anwaltsblatt.anwaltverein.de/de/anwaeltinnen-anwaelte/berufsrecht/erfolgshonorare-eine-zeitenwende.

2 BGBl. I 2008, 100.

3 NJW 2007, 979.

4 BGBl. 2021 I, 3415.

5 *Kilian*, Erfolgshonorare – Eine Zeitenwende, AnwBl Online abrufbar unter https://anwaltsblatt.anwaltverein.de/de/anwaeltinnen-anwaelte/berufsrecht/erfolgshonorare-eine-zeitenwende.

S. 2 Nr. 4 ZPO genannten Verfahren (insbesondere Mahnverfahren) erbracht wird. Auch insoweit gilt wiederum die Einschränkung, dass kein Erfolgshonorar vereinbart werden kann, wenn sich der Auftrag auf eine Forderung bezieht, die der Pfändung nicht unterworfen ist. Die dritte Variante, in der Erfolgshonorarvereinbarungen nunmehr zulässig sind, geregelt in § 4a Abs. 1 S. 1 Nr. 3 RVG, knüpft an die bisherige Regelung in § 4a Abs. 1 S. 1 RVG aF an und stellt ebenfalls auf den „Zugang zum Recht“ ab, stellt aber nicht mehr die hohe Hürde auf, dass der Auftraggeber aufgrund seiner wirtschaftlichen Verhältnisse bei verständiger Betrachtung ohne Vereinbarung eines Erfolgshonorars von der Rechtsverfolgung abgehalten würde, sondern verlangt lediglich noch eine „verständige Betrachtung“, was nur bedeutet, dass eine grundsätzliche Plausibilität für die Beweggründe des Mandanten gegeben sein muss.

4 Zumindest die Erfolgshonoraren aufgeschlossen gegenüberstehenden Anwälte gehen nach Auffassung von Kilian[6] überwiegend davon aus, dass sie künftig häufiger erfolgsbasierte Vergütungsvereinbarungen schließen werden. Es dürfte zu erwarten sein, dass von Seiten der Mandanten künftig häufiger insbesondere bei den Geldforderungen bis 2.000 EUR erfolgsbasierte Vergütungsvereinbarungen nachgefragt werden. Deshalb ist es unabdingbar, sich mit den gesetzlichen Neuregelungen vertraut zu machen.

6 *Kilian*, Erfolgshonorare – Eine Zeitenwende, AnwBl Online abrufbar unter https://anwaltsblatt.anwaltverein.de/de/anwaeltinnen-anwaelte/berufsrecht/erfolgshonorare-eine-zeitenwende.

A. Erfolgshonorarvereinbarung bei Geldforderung von maximal 2.000 EUR, § 4a Abs. 1 S. 1 Nr. 1 RVG

I. Allgemeines

Nach § 4a Abs. 1 S. 1 RVG darf nunmehr ein Erfolgshonorar (§ 49b Abs. 2 S. 1 BRAO) vereinbart werden, wenn sich der Auftrag auf eine Geldforderung von höchstens 2.000 EUR bezieht. Der Gesetzgeber ließ sich bei der Einführung dieser Variante von der Erwägung leiten, dass, wenn bis zu diesem Streitwert die Vereinbarung eines Erfolgshonorars zugelassen wird, Verbraucherinnen und Verbrauchern bei der Durchsetzung geringwertiger Ansprüche erheblich unterstützt würden.[7] Denn nach verschiedenen Studien und Umfragen seien Bürgerinnen und Bürger bei geringen Streitwerten nur in sehr geringem Umfang bereit, ihre Ansprüche unter Zuhilfenahme der Rechtsanwaltschaft durchzusetzen. Dies liege in erheblichem Maß an dem Kostenrisiko, das im Misserfolgsfall drohe.[8] Bei einer außergerichtlichen Tätigkeit für die Durchsetzung einer Forderung von 100 EUR entstünden ab 2021 (einschließlich Auslagenpauschale und Mehrwertsteuer) bei Anwendung der Gebührensätze nach dem RVG Rechtsanwaltsgebühren von mindestens 90,96 EUR. Hier liege sehr nahe, insbesondere bei einer unsicheren Rechtslage oder bei einer zweifelhaften Zahlungsfähigkeit des Schuldners, auf die Durchsetzung der Forderung zu verzichten.[9] Bei einer Forderung von 500–1.000 EUR beliefen sich die Kosten für die außergerichtliche Vertretung auf mindestens 159,94 EUR, bei einer Forderung von 2.000 EUR seien es 280,60 EUR. Hier lägen insbesondere bei einer gerichtlichen Geltendmachung die dann in die Betrachtung einzubeziehenden Prozesskosten – also die eigenen Rechtsanwaltskosten, die fremden Anwaltskosten und die Gerichtskosten – in einer Größenordnung, die die Hemmung, die eigenen Ansprüche durchzusetzen, rational entscheiden lasse. Bei einem Streitwert von 500–1.000 EUR liege das Gesamtkostenrisiko bei 837,07 EUR und bei einem Streitwert von 2.000 EUR bei 1.481,50 EUR.[10] Betrachte man die Studien und die Rechenbeispiele in einer Gesamtbewertung, könne davon ausgegangen werden, dass aus Sicht der Anspruchsteller erst bei einem durchschnittlichen Streitwert von etwa 2.000 EUR die Kosten der Rechtsverfolgung in einem solchen Verhältnis zum Interesse der Anspruchsteller stehen, dass ein hinreichendes Interesse dahin gehend bestehe, den Anspruch mit anwaltlicher und gegebenenfalls auch gerichtlicher Hilfe durchzusetzen. Bis zu diesem Streitwert bestünde an der Rechtsverfolgung in Anbetracht der 5

7 BT-Drs. 19/27673, 35.
8 BT-Drs. 19/27673, 35.
9 BT-Drs. 19/27673, 14.
10 BT-Drs. 19/27673, 14.

damit einhergehenden Kosten vielfach ein sogenanntes rationales Desinteresse.[11]

6 Die im Regierungsentwurf noch vorgesehene Möglichkeit, auch für diese Fallgruppe eine Ausnahme von dem Kostenübernahmeverbot des § 49b Abs. 2 S. 2 BRAO zuzulassen, wurde letztlich nicht Gesetz.

II. Tatbestandsvoraussetzungen

7 Nach § 4a Abs. 1 S. 1 Nr. 1 darf ein Erfolgshonorar vereinbart werden, wenn sich der Auftrag auf eine Geldforderung von höchstens 2.000 EUR bezieht.

1. Kein Einzelfallerfordernis

8 Während nach § 4 Abs. 1 S. 1 RVG aF ein Erfolgshonorar „nur für den Einzelfall" vereinbart werden durfte, gilt dieses Erfordernis für die neu gestaltete Variante des Erfolgshonorars nicht mehr. Dieses Merkmal war bislang sowohl mandanten- wie auch anwaltsgezogen verstanden worden. Versteht man das Merkmal mandantenbezogen, so bedeutet es, dass nicht grundsätzlich mit einem Mandanten für alle von ihm in Auftrag gegebenen Angelegenheit ein Erfolgshonorar vereinbart werden kann. Verstand man es hingegen anwaltsbezogen, so verbot dieses Merkmal, dass ein Anwalt generell in allen Rechtsangelegenheiten grundsätzlich nur auf Erfolgshonorarbasis tätig wird.[12] Da dieses Merkmal in der neuen Fassung entfallen ist, ist es daher einem Auftraggeber ohne Weiteres möglich, „ständig" seine Geldforderungen von höchstens 2.000 EUR im Wege von Erfolgshonorarvereinbarungen zu verfolgen sowie umgekehrt es auch den Anwälten gestattet ist, grundsätzlich derartige Mandate nur auf der Basis von Erfolgshonorarvereinbarungen abzuwickeln.

2. Geldforderung

9 Mit der Verwendung des Begriffs der „Geldforderung" will der Gesetzgeber vergütungsrechtlich klarstellen, dass der Anwendungsbereich dieser Variante des Erfolgshonorars auf Zahlungsansprüche beschränkt ist.[13] Der Gesetzgeber unterstreicht, dass im Übrigen keine Besonderheiten intendiert seien. So sei der Anwendungsbereich der Norm nicht auf Forderungen beschränkt, die im Zivilprozess durchzusetzen sind; vielmehr könnten diese auch auf anderen Rechtsgebieten, zB im Arbeitsrecht, im Verwaltungsrecht, im Sozialrecht oder im Finanzrecht liegen.[14] Mit dem Tatbestandsmerkmal „Geld-

11 BT-Drs. 19/27673, 35.
12 Gerold/Schmidt/*Mayer* RVG § 4a Rn. 5.
13 BT-Drs. 19/27673, 35.
14 BT-Drs. 19/27673, 35.

forderung“ will der Gesetzgeber auf der anderen Seite verhindern, dass andere Rechtsstreitigkeiten, die sich nicht auf Geldforderungen beziehen, erfasst werden, sie eigneten sich vielfach wie beispielsweise im Familienrecht schon wegen eines höchstpersönlichen oder sensiblen Streitgegenstands nicht für Erfolgshonorare. Zudem erscheine bei der Vielfalt der möglichen Streitgegenstände eine konkrete und kohärente Grenzziehung nicht möglich, so bestünde beispielsweise bei einer Anknüpfung an den Gegenstandswert das Problem, dass dieser Erteilung des Auftrags an die Rechtsanwältin oder den Rechtsanwalt oft nicht sicher abzuschätzen sei.[15]

3. Höchstbetrag von 2.000 EUR

Mit der konkreten Grenzziehung wollte der Gesetzgeber in dem Bereich 10
bis 2.000 EUR auch eine Erleichterung dahin gehend schaffen, Erfolgshonorarvereinbarungen ohne den erhöhten Prüfungs- und Begründungsaufwand nach § 4a Abs. 1 S. 1 Nr. 3 RVG zu treffen. Das Kostenrisiko für die Rechtsanwältinnen und Rechtsanwälte, die eine derartige Vereinbarung nach Prüfung der Erfolgsaussichten vereinbarten, sei in Anbetracht der in diesem Bereich geltenden relativ überschaubaren gerichtlichen und anwaltlichen Wertgebühren eher gering. Außerdem bestehe auch nur eine geringe Gefahr, dass sich die Rechtsanwältinnen und Rechtsanwälte über Gebühr mit dem Anspruch ihrer Mandanten gemein machten und dies ihre anwaltliche Unabhängigkeit gefährden könnte. Gleiches gelte in Anbetracht der im Wesentlichen noch überschaubaren Kosten auch für die Gefahren der Übervorteilung der Mandanten durch zu hohe Erfolgshonorare. Schließlich sei die Gefahr für die prozessuale Waffengleichheit in Anbetracht der Beschränkung auf relativ geringwertige Ansprüche und durch die prinzipielle Anwendbarkeit auch auf der Beklagtenseite als gering einzuschätzen.[16]

4. Auftrag

Anders als die Varianten nach § 4a Abs. 1 S. 1 Nr. 2 und Nr. 3 RVG stellt 11
der Gesetzgeber darauf ab, dass sich der „Auftrag“ auf eine Geldforderung von höchstens 2.000 EUR beziehen muss. Die Bedeutung dieses Tatbestandsmerkmals erschließt sich nicht ohne weiteres. Gemeint dürfte sein, dass Gegenstand der Vergütungsvereinbarungen die Geltendmachung oder Abwehr einer Geldforderung von höchstens 2.000 EUR ist.

15 BT-Drs. 19/27673, 35.
16 BT-Drs. 19/27673, 36.

5. Nicht bei unpfändbaren Forderungen

12 Nach § 4a Abs. 1 S. 2 ist eine Vereinbarung nach § 4a Abs. 1 S. 1 Nr. 1 unzulässig, wenn sich der Auftrag auf eine Forderung bezieht, die der Pfändung nicht unterworfen ist. Diese Regelung kam erst auf Vorschlag des Rechtsausschusses in das Gesetz.[17] Die maßgebliche Erwägung für den Gesetzgeber für diese Regelung dürfte gewesen sein, dass Forderungen, die zugunsten des Forderungsinhabers gegen Zwangsvollstreckungsmaßnahmen Dritter geschützt sind und nach § 400 BGB nicht abgetreten werden können, auch davor zu schützen sind, im Falle einer Erfolgshonorarvereinbarung beispielsweise im Wege einer quota litis-Vereinbarung geschmälert zu werden.

13 So hehr die Absicht des Gesetzgebers gewesen sein mag, ist jedoch festzustellen, dass sich die Regelung nicht in allen Fällen für den Betroffenen positiv auswirkt. So beispielsweise, wenn Arbeitseinkommen unterhalb der Pfändungsgrenzen für Arbeitseinkommen nach § 850c ZPO nicht bezahlt wird. Will ein Arbeitnehmer beispielweise außergerichtlich gegen seinen Arbeitgeber vorgehen, weil sein Arbeitslohn nicht bezahlt worden ist, ist ein Betrag von 1.178,59 EUR monatlich nach § 850c Abs. 1 Nr. 1 ZPO unpfändbar. Zumindest für diese Teilforderung kann der Arbeitnehmer auch keinen Anwalt im Wege einer Erfolgshonorarvereinbarung nach § 4a Abs. 1 Nr. 1 RVG beauftragen, was umso misslicher ist, da nach § 12a Abs. 1 S. 1 ArbGG in Urteilsverfahren des ersten Rechtszugs kein Anspruch der obsiegenden Partei auf Entschädigung wegen Zeitversäumnis und auf Erstattung der Kosten für die Zuziehung eines Prozessbevollmächtigten oder Beistandes besteht und diese Regelung auch die Erstattung vorprozessualer Anwaltskosten ausschließt.[18] Der Arbeitnehmer kann somit nicht das Kostenrisiko im Falle der Nichtrealisierung der Forderung, wenn es um die Beitreibung von einer Forderung auf Arbeitseinkommen geht, soweit sie unter der Pfändungsgrenze nach § 850c Abs. 1 Nr. 1 ZPO zB liegt, im Wege einer Erfolgshonorarvereinbarung auf den Anwalt abwälzen.

6. Vereinbarungsmöglichkeiten

14 Nach § 4a Abs. 2 RVG darf in anderen als den in § 4a Abs. 1 S. 1 Nr. 2 genannten Angelegenheiten nur dann vereinbart werden, dass für den Fall des Misserfolgs keine oder eine geringere als die gesetzliche Vergütung zu zahlen ist, wenn für den Erfolgsfall ein angemessener Zuschlag auf die gesetzliche Vergütung vereinbart wird. § 4a Abs. 2 RVG übernimmt grundsätzlich die

17 BT-Drs. 19/30495, 2.

18 *Poeche* in BeckOK ArbR § 12a ArbGG, Kostentragungspflicht Rn. 2a; *Koch* in Erfurter Kommentar zum Arbeitsrecht ArbGG § 12a Rn. 1; BAG AP Arbeitsgerichtsgesetz 1953, § 61 Nr. 14; BAG NZA 2020, 465.

Regelung von § 4a Abs. 1 S. 2 RVG aF und stellt künftig klar, dass die dort vorgesehene Ausgestaltung der Vereinbarung von Erfolgshonoraren im Misserfolgsfall nicht nur in gerichtlichen Angelegenheiten, sondern auch bei außergerichtlichen Tätigkeiten gilt.[19]

Bereits bei § 4a Abs. 1 S. 2 RVG aF wurde teilweise die Auffassung vertreten, dass eine unbewusste Regelungslücke darin zu sehen ist, dass § 4 Abs. 1 S. 2 RVG aF eine Ausnahme vom völligen Vergütungsverzicht nur für gerichtliche, nicht aber für außergerichtliche Tätigkeiten enthält, und daraus den Schluss gezogen, dass an sich ein völliger Vergütungsverzicht im Misserfolgsfalle („no win – no fee") für außergerichtliche Tätigkeit nicht vereinbart werden darf.[20] Dem stand jedoch entgegen, dass das Gebührenunterschreitungsverbot des § 49b Abs. 1 S. 1 BRAO grundsätzlich nur für gerichtliche Verfahren gilt und in außergerichtlichen Angelegenheiten durch § 4 Abs. 1 S. 2 RVG aF bereits eine gewisse „Aufweichung" eingetreten ist, da in diesen Angelegenheiten eine niedrigere als die gesetzliche Vergütung vereinbart werden darf, sie muss lediglich nach § 4 Abs. 1 S. 2 RVG aF in einem angemessenen Verhältnis zur Leistung, Verantwortung und Haftungsrisiko des Anwalts stehen.[21] Wenn daher für gerichtliche Verfahren, in denen ein Gebührenunterschreitungsverbot gilt, „no win – no fee"-Vereinbarungen zulässig sind, wurde bereits zum alten Recht vertreten, dass dies auch erst recht für die außergerichtlichen Tätigkeiten gelten muss, für die ohnehin nicht ein solch strenges Gebührenunterscheidungsverbot gilt, wie es § 49b Abs. 1 S. 1 BRAO vorsieht.[22] Vertreten wurde zum alten Recht auch, dass § 4 Abs. 1 S. 2 RVG aF auf die Fälle der außergerichtlichen Tätigkeit analog angewandt wird, wobei als Bezugspunkt für die angemessene Erhöhung die vereinbarte Vergütung gelten soll, soweit nach dem Willen der Vertragspartner eine solche an die Stelle der gesetzlichen Gebühren treten soll.[23] 15

Dem Gesetzgeber erschien es weder erforderlich noch angemessen, Erfolgshonorare in außergerichtlichen Angelegenheiten stärker zu beschränken als in gerichtlichen Angelegenheiten, so dass nunmehr durch die Neuregelung in § 4a Abs. 2 auch in außergerichtlichen Angelegenheiten eine „no win no fee"-Vereinbarung ermöglicht wird, wenn zum Ausgleich im Erfolgsfall ein angemessener Zuschlag auf die gesetzliche Vergütung vereinbart wird.[24] 16

Nach wie vor problematisch ist die Beurteilung der Frage, wie ein „angemessener Zuschlag" zu bemessen ist. Die Gesetzesbegründung weist in diesem 17

19 BT-Drs. 19/27673, 37.
20 *Kilian* NJW 2008, 1905 ff. (1908).
21 Gerold/Schmidt/*Mayer* RVG § 4a Rn. 10a.
22 Gerold/Schmidt/*Mayer* RVG § 4a Rn. 14.
23 *Kilian* NJW 2008, 1905 ff. (1908).
24 BT-Drs. 19/27673, 37.

Zusammenhang lediglich darauf hin, dass wie bisher zu beurteilen sei, „ob der Zuschlag angemessen ist".[25]

18 Bei der Einführung von § 4 Abs. 1 S. 2 RVG aF stellte sich der Gesetzgeber auf den Standpunkt, dass die Frage, ob der Zuschlag angemessen ist, aus der Sicht der Vertragspartner zum Zeitpunkt des Vertragsschlusses zu beurteilen sei.[26] Dabei sollten bei der Beurteilung insbesondere zwei Umstände berücksichtigt werden; so muss nach der Vorstellung des Gesetzgebers der Zuschlag umso größer sein, je weiter im Misserfolgsfall die gesetzliche Vergütung unterschritten werden soll.[27] Bei „no win no fee"-Vereinbarungen müsse daher der Zuschlag größer sein als in dem Fall, in dem der Rechtsanwalt auch im Misserfolgsfall eine – unter der gesetzlichen Mindestvergütung liegende – Grundvergütung im Falle der „no win less fee"-Vereinbarung erhalten soll. Darüber hinaus muss aus Sicht des Gesetzgeber der Zuschlag umso größer sein, je geringer die Erfolgsaussichten sind. Betrage die Erfolgsaussicht 50 %, werde im Allgemeinen ein Zuschlag angemessen sein, dessen Wert der Unterschreitung der gesetzlichen Mindestvergütung im Erfolgsfall entspreche.[28] Seien die Erfolgsaussichten größer, genüge ein niedrigerer Zuschlag, seien diese geringer, müsse der Zuschlag größer sein.[29]

19 Ausgehend von dem in der Gesetzesbegründung enthaltenen „Berechnungsbeispiel" eines angemessenen Zuschlags in gerichtlichen Verfahren ergibt sich, dass bei einer Erfolgswahrscheinlichkeit von 50 %, wenn für die Misserfolgsfall nur eine Vergütung in Höhe der Hälfte der gesetzlichen Vergütung vereinbart wird, für den Erfolgsfall ein Honorar in Höhe des 1 ½-fachen der gesetzlichen Gebühren vereinbart werden muss.[30] Solle im Misserfolgsfall lediglich 1/3 der gesetzlichen Gebühren bezahlt werden, beträgt nach dieser Berechnungsmethode die erfolgsbasierte Vergütung im Erfolgsfall 5/3 der gesetzlichen Vergütung, solle im Misserfolgsfall lediglich ein Zehntel der gesetzlichen Vergütung geschuldet sein, muss bei dieser Erfolgswahrscheinlichkeit im Erfolgsfall eine Vergütung von 19/10 der gesetzlichen Gebühren vereinbart werden.[31] Beträgt die Erfolgswahrscheinlichkeit lediglich 25 %, so sind nach dieser Berechnungsmethode dann, wenn im Misserfolgsfall lediglich die Hälfte der gesetzlichen Gebühren geschuldet wird, als erfolgsbasierte Vergütung eine Vergütung iHv 2,5 der gesetzlichen Gebühren zu vereinbaren; solle im Misserfolgsfall bei dieser Erfolgswahrscheinlichkeit le-

25 BT-Drs. 19/27673, 37.
26 BT-Drs. 16/8384, 11.
27 BT-Drs. 16/8384, 11.
28 BT-Drs. 16/8384, 11.
29 BT-Drs. 16/8384, 11.
30 Gerold/Schmidt/*Mayer* RVG § 4a Rn. 13; im Ergebnis Mayer/Kroiß/*Winkler/Teubel* RVG § 4a Rn. 43.
31 Gerold/Schmidt/*Mayer* RVG § 4a Rn. 13.

diglich 1/3 der gesetzlichen Vergütung bezahlt werden, so erhöht sich die erfolgsbasierte Vergütung auf das 3-fache der gesetzlichen Vergütung; solle im Misserfolgsfalle lediglich 1/10 der gesetzlichen Gebühren geschuldet sein, so muss bei einer Erfolgswahrscheinlichkeit von 25 % für den Erfolgsfall eine erfolgsbasierte Vergütung in Höhe des 3,7-fachen der gesetzlichen Gebühren vereinbart werden.[32]

Zu berücksichtigen ist ferner, dass es sich bei dieser nach den Bewertungsmaßstäben berechneten Vergütung lediglich um einen Mindestwert handelt; denn durch die Angemessenheitsvorschrift wird der Zuschlag nicht nach oben, sondern nach unten begrenzt.[33] 20

Diese Gesetzesbegründung, die lediglich auf die Berechnung des angemessenen Zuschlags bei § 4a Abs. 1 S. 2 RVG in gerichtlichen Verfahren bezogen war, dürfte nicht eins zu eins auf die nunmehr erfolgte Ausweitung auch auf die außergerichtliche Tätigkeit zu übertragen sein. Denn die Erwägungen des Gesetzgebers zu der Berechnung des angemessenen Zuschlags bei § 4a Abs. 1 S. 2 RVG aF waren auf die strikten Mindestgebühren in § 49b Abs. 1 S. 1 BRAO für gerichtliche Verfahren bezogen, während in außergerichtlichen Angelegenheiten bereits durch § 4 Abs. 1 S. 1 RVG eine gewisse „Aufweichung" zu berücksichtigen ist. Deshalb ist diesseitiger Auffassung nach bei der Berechnung des Zuschlags auf die in den Grenzen des § 4 Abs. 1 S. 2 RVG vereinbarte Vergütung abzustellen und nicht auf die gesetzliche Vergütung.[34] 21

III. Vereinbarungsbestandteile

Der neu gefasste § 4a Abs. 3 führt zwingende Bestandteile auf, die in eine erfolgsbezogene Vergütungsvereinbarung aufzunehmen sind, er ersetzt die bisherigen Absätze 2 und 3 des § 4a RVG aF.[35] 22

1. Höhe und Bedingungen des Erfolgshonorars, § 4a Abs. 3 Nr. 1 RVG

Nach § 4a Abs. 3 Nr. 1 RVG ist in einer erfolgsbezogenen Vergütungsvereinbarung die Angabe aufzunehmen, welche Vergütung bei Eintritt welcher Bedingungen verdient sein soll. Diese Bestimmung übernimmt unverändert die Regelung des bisherigen § 4a Abs. 2 Nr. 2 RVG aF.[36] 23

32 Gerold/Schmidt/*Mayer* RVG § 4a Rn. 13.
33 Mayer/Kroiß/*Winkler/Teubel* RVG § 4 Rn. 40; Hartung/Schons/Enders/*Schons* RVG § 4 Rn. 59f.
34 Vgl. in diesem Zusammenhang auch *Kilian* NJW 2008, 1905 ff. (1908).
35 BT-Drs. 19/27673, 38.
36 BT-Drs. 19/27673, 38.

24 Die Definition des Erfolges bei einer erfolgsbezogenen Vergütungsvereinbarung ist vielfach nicht unproblematisch, daher sollte bei der vertraglichen Festlegung der Bedingung, unter der die Vergütung verdient ist, größte Sorgfalt angewandt werden.[37] Bei einer Zahlungsklage muss daran gedacht werden, ob und gegebenenfalls welches Erfolgshonorar geschuldet ist, wenn der Anspruch nur teilweise durchgesetzt wird, auch Regelungen für den Fall des Abschlusses eines Vergleichs sollten nicht vergessen werden. Zu den zu regelnden Bedingungen gehört auch die Frage, ob es bei einem gerichtlichen Verfahren lediglich auf den formalen verfahrensmäßigen Erfolg, beispielsweise ein der Klage stattgebendes Urteil, ankommt oder ob die wirtschaftliche Durchsetzung der Forderung Bedingung für den Erfolgseintritt sein soll.[38] Im letzteren Fall übernimmt der Rechtsanwalt letztlich das Risiko der Zahlungsfähigkeit des Gegners.[39] Auch muss geklärt werden, welche genaue Summe tituliert oder beigetrieben werden muss, damit das Erfolgshonorar fällig wird. Stellt man schlicht auf die geltend gemachte Forderung ab, ist zu entscheiden, ob das auch den vollen Zinsanspruch und gegebenenfalls auch etwaige Nebenforderungen umfasst (Kostenerstattung, Auskunftskosten und dergleichen).[40] Auch sollte weiter geregelt werden, wie abzurechnen ist, wenn der Anwalt aufgrund einer jederzeit möglichen Mandatskündigung den Erfolg nicht mehr persönlich herbeiführt.[41]

25 Rechtsanwalt und Mandant sollen durch dieses Erfordernis gehalten werden, den Erfolg, an den die Zahlungsverpflichtung gebunden ist, genau zu bestimmen.[42]

26 An die Angabe der Höhe des Erfolgshonorars sind richtiger Auffassung nach nicht allzu hohe Anforderungen zu stellen; es dürfte daher beispielsweise ausreichen, lediglich auf das Vielfache der gesetzlichen Vergütung zu verweisen.[43] Klargestellt werden sollte auch, ob eine eventuelle Kostenerstattung durch die Gegenseite angerechnet wird oder ob der von der Gegenseite beizutreibende Kostenerstattungsanspruch zusätzlich dem Anwalt verbleibt.[44] Bei einer quota litis-Vereinbarung ist auch klarzustellen, ob von dem von der Gegenseite beigetriebenen Bruttobetrag auszugehen ist oder ob etwa Gerichtskosten, die der Auftraggeber gezahlt hat und die der Gegner nicht erstatten muss oder kann, abgezogen werden, ferner darüber hinaus mögli-

37 Mayer/Kroiß/*Winkler/Teubel* RVG § 4a Rn. 53.
38 Gerold/Schmidt/*Mayer* RVG § 4a Rn. 35.
39 Mayer/Kroiß/*Winkler/Teubel* RVG § 4a Rn. 55.
40 Mayer/Kroiß/*Winkler/Teubel* RVG § 4a Rn. 56.
41 Mayer/Kroiß/*Winkler/Teubel* RVG § 4a Rn. 59; vgl. hierzu näher Mayer/Winkler S. 128 ff.
42 BT-Drs. 16/8384, 11.
43 Mayer/Kroiß/*Winkler/Teubel* RVG § 4a Rn. 52f.
44 Mayer/Kroiß/*Winkler/Teubel* RVG § 4a Rn. 53.

cherweise sonstige eigene Kosten des Mandanten.[45] Auch mögliche Regelungen für den Fall, dass der Mandant bei einer erfolgsbezogene Vergütungsvereinbarung über die Instanzen hinweg den Anwalt wechselt und es erst dem zweitinstanzlichen Kollegen gelingt, den Erfolg herbeizuführen, können in diesem Zusammenhang Platz finden.[46]

2. Hinweis auf Umfang der Kostenerstattungspflicht, § 4a Abs. 3 Nr. 2 RVG

Nach § 4a Abs. 3 S. 2 RVG aF war in eine erfolgsbezogene Vergütungsvereinbarung ein Hinweis aufzunehmen, dass die Vereinbarung keinen Einfluss auf die gegebenenfalls vom Auftraggeber zu zahlenden Gerichtskosten, Verwaltungskosten und die von ihm zu erstattenden Kosten anderer Beteiligter hat. Die Regelung war im Zusammenhang mit § 49b Abs. 2 S. 2 BRAO aF zu sehen, danach waren Vereinbarungen, durch die sich der Rechtsanwalt verpflichtete, Gerichtskosten, Verwaltungskosten oder Kosten anderer Beteiligter zu tragen, unzulässig.[47] Nachdem nunmehr § 49b Abs. 2 S. 2 BRAO die Möglichkeit der Vereinbarung einer Kostenübernahme in der Variante der Verfügungsvereinbarungen § 4a Abs. 1 S. 1 Nr. 2 RVG erlaubt, hat der Gesetzgeber die Regelung angepasst.[48] Nach § 4a Abs. 3 Nr. 2 RVG muss die erfolgsbezogene Vergütungsvereinbarung auch nunmehr eine Angabe dazu enthalten, ob und gegebenenfalls welchen Einfluss die Vereinbarung auf die gegebenenfalls vom Auftraggeber zu zahlenden Gerichtskosten, Verwaltungskosten und die von ihm zu erstattenden Kosten anderer Beteiligter haben soll. Es ist mithin schriftlich festzulegen, ob und in welchem Umfang eine Kostenübernahme durch die Rechtsanwältin oder den Rechtsanwalt erfolgen soll und inwiefern dieser Umstand bei den Konditionen der Vergütungsvereinbarung berücksichtigt wurde.[49] 27

Bereits zum alten Recht war in Zweifel gezogen worden, ob mit dem Ausschluss der Kostenübernahme durch den Rechtsanwalt oder die Rechtsanwältin der vom Bundesverfassungsgericht in der Entscheidung vom 12.12.2006 geforderte Zugang zum Recht[50] stets gewährleistet ist. Denn nicht nur die zu zahlenden eigenen Anwaltskosten, sondern die insbesondere im Unterliegensfalle an die Gegenseite zu erstattenden Anwaltskosten und an die Gerichtskasse zu zahlenden Gerichtskosten können Rechtsuchende vor die Frage stellen, ob es ihnen die eigene wirtschaftliche Lage vernünf- 28

45 Mayer/Kroiß/*Winkler/Teubel* RVG § 4a Rn. 54; Hartung/Schons/Enders/*Schons* RVG § 4a Rn. 79.
46 Hartung/Schons/Enders/*Schons* RVG § 4a Rn. 80.
47 Gerold/Schmidt/*Mayer* RVG § 4a Rn. 41.
48 BT-Drs. 19/27673, 38.
49 BT-Drs. 19/27673, 38.
50 BVerfG NJW 2007, 979.

tigerweise erlaubt, die mit der Rechtsverfolgung verbundenen finanziellen Risiken einzugehen.[51] Das Kostenübernahmeverbot ist zwar nunmehr durch § 49b Abs. 2 S. 2 BRAO etwas gelockert worden und erlaubt nunmehr die Kostenübernahme in erfolgsbezogenen Vergütungsvereinbarungen nach § 4a Abs. 1 S. 1 Nr. 2 RVG, in anderen Fällen bleibt es jedoch bei dem Kostenübernahmeverbot und damit dabei, dass eine erfolgsbezogene Vergütungsvereinbarung den Mandanten allenfalls vor den eigenen Anwaltskosten schützt.

29 Der Hinweis auf das Kostenerstattungssystem ist ausnahmslos gegenüber jedem Mandanten zu erteilen, also auch gegenüber erfahrenen Mandanten, der individuelle Bildungs- und Verständnishorizont ist irrelevant.[52]

3. Einschätzung der Erfolgsaussichten, § 4a Abs. 3 Nr. 3 RVG

30 Nach § 4a Abs. 3 Nr. 3 RVG müssen in eine Vereinbarung über ein Erfolgshonorar die wesentlichen Gründe aufgenommen werden, die für die Bemessung des Erfolgshonorars bestimmend sind. Die Regelung entspricht inhaltlich unverändert dem bisherigen § 4a Abs. 3 S. 1 RVG.[53]

31 Die ursprüngliche Regelung war im damaligen Gesetzgebungsverfahren umstritten und wurde im Ergebnis im Gesetzgebungsprozess auch entschärft.[54] Denn während der Regierungsentwurf seinerzeit noch vorsah, dass in der Vereinbarung die wesentlichen Umstände der rechtlichen Erwägungen kurz darzustellen sind, auf denen die Einschätzung der Erfolgsaussichten beruht,[55] sind in der später Gesetz gewordenen Regelung lediglich noch die „wesentlichen Gründe" anzugeben, die für die Bemessung des Erfolgshonorars bestimmend sind. Mit dem ursprünglich vorgesehenen – strengen – Erfordernis wurden zwar vom Gesetzgeber hehre Ziele verfolgt; so verfügten nach seiner Vorstellung die Rechtsanwälte und Rechtsanwältinnen aufgrund ihrer Kenntnisse regelmäßig über einen Informationsvorsprung gegenüber den Mandanten. Um diesem Gefährdungspotenzial und eventuellen Beweisschwierigkeiten bei einem Streit über die Unangemessenheit der Vereinbarung über das Erfolgshonorar entgegenzuwirken, sollten die Vertragsparteien verpflichtet werden, die Grundlagen in den schriftlichen Vertrag aufzunehmen, auf denen die vorgenommene Einschätzung der Erfolgsaussichten beruht.[56] Eine solche Regelung hätte jedoch erhebliche praktische Probleme aufgeworfen. Denn zu dem Zeitpunkt, zu dem die ein Erfolgsho-

51 Vgl. in diesem Zusammenhang Gerold/Schmidt/*Mayer* RVG § 4a Rn. 41.
52 Gerold/Schmidt/*Mayer* RVG § 4a Rn. 41 mwN.
53 BT-Drs. 19/27673, 38.
54 Gerold/Schmidt/*Mayer* RVG § 4a Rn. 38.
55 BT-Drs. 16/8916, 8.
56 BT-Drs. 16/8384, 11.

norar regelnde Vergütungsvereinbarung abgeschlossen wird, lassen sich die Erfolgsaussichten vielfach nur sehr grob beurteilen. Vielfach werden sich die Erfolgsaussichten in einer Angelegenheit im Zuge der Mandatsbearbeitung gegenüber der ursprünglichen Einschätzung bei Abschluss der Vergütungsvereinbarung verändern. Beispielsweise weil nunmehr die Einlassung der Gegenseite, die Aussage von Zeugen, die Vorlage von Urkunden durch die Gegenseite usw erfolgt. Ein solches Erfordernis der Darstellung der Einschätzung der Erfolgsaussichten hätte dazu geführt, im Nachhinein die ursprüngliche Einschätzung der Erfolgsaussichten, die auf ganz andere Tatsachengrundlage erfolgt, kritisch zu hinterfragen.[57] Mit der dann Gesetz gewordenen Fassung wollte der Gesetzgeber den Bedenken Rechnung tragen, dass im Zeitpunkt des Vertragsschlusses häufig keine genauen Angaben zu den Erfolgsaussichten einer einzelnen, konkreten Rechtsangelegenheit möglich sind.[58]

Unter den „wesentlichen Gründen“, die für die Bemessung des Erfolgshonorars bestimmend sind, versteht der Gesetzgeber lediglich die „Geschäftsgrundlage“, von der die Vertragsparteien bei Vereinbarung der erfolgsbasierten Vergütung ausgehen.[59] Ermittlungs- und Prüfungspflichten sollen nicht begründet werden.[60] So ist es nach den Vorstellungen des Gesetzgebers ausreichend, wenn festgehalten wird, dass angesichts eines bestimmten allgemeinen Prozessrisikos etwa in Arzthaftungsangelegenheiten auch in dem vorliegenden Einzelfall von diesem Risiko ausgegangen werde.[61] Die vorliegende Regelung ist aufgrund der heruntergeschraubten Anforderung nunmehr zwar praktikabel, dürfte aber nicht geeignet sein, die vom Bundesverfassungsgericht in dem Beschluss vom 12.12.2006[62] angesprochene asymmetrische Informationsverteilung zwischen Mandant und Rechtsanwalt zu beseitigen.[63]

4. Voraussichtliche gesetzliche und gegebenenfalls erfolgsunabhängige vertragliche Vergütung, § 4a Abs. 3 Nr. 4 RVG

Die voraussichtliche gesetzliche und gegebenenfalls erfolgsunabhängige vertragliche Vergütung, zu der der Rechtsanwalt bereit wäre, den Auftrag zu übernehmen, ist nach § 4a Abs. 3 Nr. 4 RVG nur bei erfolgsbezogenen Ver- 32

57 Gerold/Schmidt/*Mayer* RVG § 4a Rn. 38.
58 BT-Drs. 16/8916, 18.
59 BT-Drs. 16/8916, 18.
60 BT-Drs. 16/8916, 18.
61 BT-Drs. 16/8916, 18.
62 BVerfG NJW 2007, 979 (980).
63 Mayer/Kroiß/*Winkler/Teubel* RVG § 4a Rn. 63; kritisch zur Regelung auch *Toussaint* in Toussaint Kostenrecht RVG § 4 Rn. 39; Hartung/Schons/Enders/*Schons* RVG § 4a Rn. 84.

gütungsvereinbarungen im Sinne von § 4a Abs. 1 S. 1 Nr. 3 RVG erforderlich und wird dort erörtert.[64]

IV. Sonstige Formvorschriften

33 Jede erfolgsbezogene Vergütungsvereinbarung ist auch eine Vergütungsvereinbarung im Sinne von § 3a RVG. Daher sind die nach § 3a RVG für Vergütungsvereinbarungen geltenden Formvorschriften zu beachten.

1. Textform

34 Nach § 3a Abs. 1 S. 1 RVG bedarf eine Vereinbarung über die Vergütung der Textform. Mit dem Erfordernis der Einhaltung der Textform im Sinne von § 126b BGB wird lediglich die einfachste gesetzliche Form[65] vorgeschrieben. Die Textform ist aber auch dann erfüllt, wenn eine höherrangige Form erfüllt ist, nämlich die Schriftform (§ 126 BGB,) die elektronische Form (§ 126a BGB) oder die notarielle Beurkundung (§ 126 Abs. 4 BGB).[66]

35 Teilweise wird die gesetzliche Regelung als misslungen bezeichnet, denn sowohl der Auftraggeber, der eine möglicherweise die gesetzliche Vergütung erheblich übersteigende Vergütung verspricht, als auch der Anwalt, der sich möglicherweise verpflichtet, seine volle vertragsgemäße Leistung ohne Vergütung zu erbringen, wenn der Erfolg ausbleibt, sollten durch die Formvorschrift gewarnt werden.[67]

36 Auch sei die Beweisfunktion immer dann von erheblicher Bedeutung, wenn die Vereinbarung streitanfällig ist. Bekanntlich seien die subjektive Situation für den Auftraggeber, häufig aber auch die objektive wirtschaftliche Situation, für beide Parteien der Vergütungsvereinbarung nach Beendigung des Mandats deutlich anders als zu Beginn der Zusammenarbeit. Erfahrungsgemäß seien nicht alle Auftraggeber gerne bereit, nach dem Erfolg diesen mit dem Anwalt zu teilen. Angesichts der hohen Anforderungen an die wirksame Vereinbarung einer Vergütung nach den §§ 3a, 4 erst recht bei der Vereinbarung eines Erfolgshonorars nach § 4a sei damit zu rechnen, dass nachträglich Mängel der Vereinbarung geltend gemacht werden, was unter Berücksichtigung von § 199 Abs. 4 BGB regelmäßig zehn Jahre nach der Leistung möglich sein werde.[68] Entsprechend empfiehlt es sich, auch wenn die Textform bereits ausreichend ist, um der Formvorschrift Genüge zu tun,

---

64 → Rn. 91
65 BeckOK BGB/*Wendtland* BGB § 126b Rn. 1.
66 Mayer/Kroiß/*Winkler/Teubel* RVG § 3a Rn. 15 mwN.
67 Mayer/Kroiß/*Winkler/Teubel* RVG § 3a Rn. 11f.
68 Mayer/Kroiß/*Winkler/Teubel* RVG § 3a Rn. 13.

bei erfolgsbezogenen Vergütungsvereinbarungen die Schriftform einzuhalten, um diese skizzierten Schwierigkeiten zu vermeiden.

Der allgemeine Grundsatz, dass sich der Formzwang auf den gesamten Vertrag einschließlich aller Nebenabreden bezieht, ist für Vergütungsvereinbarungen zu modifizieren;[69] so ist das Vollständigkeitserfordernis auf die eigentliche Vergütungsvereinbarung zu beschränken, nur das, was über die Bezahlung vereinbart worden ist, muss in die Urkunde aufgenommen werden, nicht auch das, was anlässlich der Auftragserteilung zwischen den Parteien im Übrigen vereinbart worden ist.[70] So ist die Auftragserteilung nicht zwingend in die Vergütungsvereinbarung aufzunehmen, wohl aber Fälligkeitsregelungen, Vorschussregelungen, Regelungen über die Vergütung bei vorzeitiger Beendigung des Mandats, Vergütung von Vertretern und sonstigen Hilfspersonen sowie die Gerichtsstandsvereinbarung für die Vergütungsklage.[71] 37

Ist durch Gesetz Textform vorgeschrieben, so muss nach § 126b S. 1 BGB die Erklärung, in der die Person des Erklärenden genannt ist, auf einem dauerhaften Datenträger abgegeben werden. Ein dauerhafter Datenträger ist nach § 126b S. 2 BGB jedes Medium, das 38

1. es dem Empfänger ermöglicht, eine auf dem Datenträger befindliche, an ihn persönlich gerichtete Erklärung so aufzubewahren oder zu speichern, dass sie ihm während eines für ihren Zweck angemessenen Zeitraums zugänglich ist, und
2. geeignet ist, die Erklärung unverändert wiederzugeben.

Die Textform setzt voraus, dass die Erklärung in Schriftzeichen lesbar abgegeben wird.[72] Allerdings setzt die Textform der Abgabe einer lesbaren Erklärung auf einem dauerhaften Datenträger voraus;[73] geeignete Datenträger sind neben Urkunden auch elektronische Speichermedien, sofern nur die gespeicherten Daten mithilfe von Anwendungsprogrammen (in Schriftzeichen) lesbar sind und der Datenträger geeignet ist, die Erklärung dauerhaft festzuhalten.[74] Dabei werden an die dauerhafte Speichermöglichkeit der elektronischen Medien keine allzu hohen Anforderungen gestellt, die Verkörperung der Erklärung auf einer Festplatte genügt ebenso wie die Speicherung auf einem USB-Stick, CD-ROM, DVD oder als E-Mail.[75] Eine Vergütungsvereinbarung kann somit wirksam per Computerfax, E-Mail, SMS, über mobile 39

69 Mayer/Kroiß/*Winkler/Teubel* RVG § 3a Rn. 18.
70 Mayer/Kroiß/*Winkler/Teubel* RVG § 3a Rn. 18.
71 Gerold/Schmidt/*Mayer* RVG § 3a Rn. 6a; Mayer/Kroiß/*Winkler/Teubel* RVG § 3a Rn. 19.
72 BeckOK BGB/*Wendtland* BGB § 126b Rn. 3.
73 MüKoBGB/*Einsele* BGB § 126b Rn. 4.
74 MüKoBGB/*Einsele* BGB § 126b Rn. 4.
75 MüKoBGB/*Einsele* BGB § 126b Rn. 6.

Instant-Messenger oder soziale Netzwerke abgeschlossen werden, entscheidend ist, dass es die Übermittlung dem Empfänger erlaubt, die an ihn persönlich gerichtete Information dergestalt zu speichern, dass ihr Inhalt und ihre Zugänglichkeit während angemessener Dauer nicht verändert werden kann und hierdurch die Möglichkeit ihrer originalgetreuen Wiedergabe gegeben ist.[76]

40 Allerdings verlangt die Textform die Nennung der Person des Erklärenden.[77] Möglich ist auch eine Nennung in einer faksimilierten Unterschrift, aber auch im Kopf oder Inhalt der Erklärung.[78] Das Gesetz fordert nicht mehr ausdrücklich die Erkennbarkeit des Abschlusses der Erklärung.[79] Die Textform kann jedoch ihre Funktion – Information und Dokumentation von Erklärungen – nur dann wirklich erfüllen, wenn für den Empfänger ersichtlich ist, ob die Erklärung rechtlich bindend sein soll und vollständig ist.[80] Die Textform sieht keine starre Regel für die Kenntlichmachung des Dokumentenendes vor.[81] Der räumliche Abschluss der Erklärung kann zB durch Nachbildung der Namensunterschrift des Erklärenden etwa durch Anbringen eines Faksimilestempels oder durch Einfügen des eingescannten Namenszuges als Bilddatei in ein elektronisches Dokument erfolgen.[82] In Betracht kommen aber auch Hinweise wie zB „keine Unterschrift – Computerfax" „diese Erklärung ist nicht unterschrieben", „dieses Schreiben wurde maschinell erstellt und bedarf keiner Unterschrift" usw, eine Grußformel oder eine schlichte Datierung.[83] Erforderlich ist nur, dass der räumliche Abschluss des Dokuments in einer Weise kenntlich gemacht wird, durch die die Ernstlichkeit des vorangestellten Textes in Abgrenzung zu einem Entwurf deutlich gemacht wird.[84] Der Textform ist aber nicht genügt, wenn es infolge nachträglicher, schriftlicher Ergänzungen an einem räumlichen Abschluss der Vereinbarung fehlt.[85] Bedient sich der Erklärende bei der Textform elektronischer Medien, stellt sich ebenso wie bei der elektronischen Form die Frage, welche Bedeutung dem Umstand zukommt, dass der Empfänger nach den bisherigen Geschäftsgepflogenheiten nicht mit dem Zugang elektronischer Erklärungen rechnen musste und bei ihm eventuell die entsprechenden technischen Vorrichtungen und Programme fehlen, um die in Textform abgegebene Erklä-

76 BeckOK BGB/*Wendtland* BGB § 126b Rn. 8.
77 MüKoBGB/*Einsele* BGB § 126b Rn. 7.
78 MüKoBGB/*Einsele* BGB § 126b Rn. 7.
79 MüKoBGB/*Einsele* BGB § 126b Rn. 8.
80 MüKoBGB/*Einsele* BGB § 126b Rn. 8.
81 BeckOK BGB/*Wendtland* BGB § 126b Rn. 7.
82 BeckOK BGB/*Wendtland* BGB § 126b Rn. 7.
83 BeckOK BGB/*Wendtland* BGB § 126b Rn. 7.
84 BeckOK BGB/*Wendtland* BGB § 126b Rn. 7.
85 BGH BeckRS 2011, 236327 mit Anm. *Mayer* FD-RVG 2011, 325631, Gerold/Schmidt/*Mayer* RVG § 3a Rn. 6.

rung (in Schriftzeichen) lesbar machen zu können.[86] Für den Zugang der Erklärung ist erforderlich, dass unter normalen Umständen davon ausgegangen werden kann, dass der Empfänger auch die Möglichkeit ihrer Kenntnisnahme hat.[87] Dies bedeutet zB bei der Übermittlung binärer Informationen, dass er diese unter normalen Umständen ohne Weiteres in Schriftzeichen umwandeln können muss, was bei der Verwendung von Standardformaten (derzeit zB html, rtf, pdf, txt, doc oÄ) in der Regel der Fall sein wird.[88] In der anwaltlichen Alltagspraxis wird wohl nach dem derzeitigen Stand der technischen Entwicklung der Abschluss der Vergütungsvereinbarung per Telefax oder per E-Mail die größte praktische Bedeutung aufweisen.[89] Gesprochene Mitteilungen, die man digitalisiert übersenden kann, so dass sie erst beim Empfänger von der akustischen zur optischen Wahrnehmbarkeit umgewandelt werden, entsprechen der Textform nicht.[90]

§ 126b BGB enthält selbst keine Vorschrift für das Zustandekommen eines 41
Vertrages in Textform.[91] Ausreichend dürfte sein, wenn sowohl der Antrag wie auch die Annahme in Textform vorliegen, ohne dass beide körperlich oder elektronisch verbunden sind.[92] So reicht es beispielsweise aus, wenn dem Mandant ohne Unterschrift des Rechtsanwalts eine Vergütungsvereinbarung übermittelt wird, die der Mandant mit einer E-Mail annimmt.[93] § 151 BGB ist jedoch auf das Zustandekommen einer Vergütungsvereinbarung in Textform nicht anzuwenden, denn damit könnte der Auftraggeber letztlich durch schlüssiges formfreies Verhalten ein Angebot annehmen, was sich nach dem Willen des Gesetzgebers, die gesamte Vereinbarung oder Formzwang zu stellen, nicht vereinbaren lässt.[94]

2. Bezeichnung

Nach § 3a Abs. 1 S. 2 RVG muss die Vergütungsvereinbarung als Vergü- 42
tungsvereinbarung oder in vergleichbarer Weise bezeichnet werden. Ausdrücklich lässt der Gesetzgeber es genügen, wenn die Vereinbarung „in vergleichbarer Weise“, beispielsweise als „Honorarvereinbarung“ bezeichnet wird.[95] Zu beachten ist jedoch, dass teilweise aus der Wendung in § 3a Abs. 1 S. 2 RVG der Schluss gezogen wird, dass es nicht ausreichend ist,

86 MüKoBGB/*Einsele* BGB § 126b Rn. 12.
87 BeckOK BGB/*Wendtland* BGB § 126b Rn. 4.
88 BeckOK BGB/*Wendtland* BGB § 126b Rn. 4.
89 Gerold/Schmidt/*Mayer* RVG § 3a Rn. 7a.
90 Hartung/Schons/Enders/*Schons* RVG § 3a Rn. 28.
91 Mayer/Kroiß/*Winkler/Teubel* RVG § 3a Rn. 29.
92 Mayer/Kroiß/*Winkler/Teubel* RVG § 3a Rn. 30.
93 LG Görlitz BeckRS 2013, 13328 = AGS 2013, 320 mAnm *Schneider* NJW-Spezial 2013, 509; Gerold/Schmidt/*Mayer* RVG § 3a Rn. 7b.
94 Mayer/Kroiß/*Winkler/Teubel* RVG § 3a Rn. 31f.; Gerold/Schmidt/*Mayer* RVG § 3a Rn. 7b.
95 BT-Drs. 16/8384, 10.

wenn – zwar deutlich abgesetzt – irgendwo in einem längeren Vertrag Vereinbarungen über die Vergütung erscheinen, der Vertrag muss schon sinngemäß als Vergütungsvereinbarung „bezeichnet" werden.[96]

3. Deutliches Absetzen

43 Die Vergütungsvereinbarung muss nach § 3a Abs. 1 S. 2 RVG von anderen Vereinbarungen mit Ausnahme der Auftragserteilung deutlich abgesetzt sein.

a) Andere Vereinbarungen

44 Nicht zu den „anderen Vereinbarungen", von denen die Vergütungsvereinbarung deutlich abzusetzen ist, gehören alle Klauseln, die die Vergütung unmittelbar betreffen, beispielsweise Fälligkeitsregelungen, Vorschussregelungen, Regelungen über die Vergütung bei vorzeitiger Beendigung des Mandats sowie Gerichtsstandsvereinbarungen für die Vergütungsklage, soweit rechtlich zulässig.[97]

45 Zu den abzusetzenden, den „anderen Vereinbarungen", gehören aber beispielsweise Gerichtsstandvereinbarungen für Klagen aus dem Mandatsverhältnis, Haftungsbeschränkungen, Vereinbarungen über die Art und Weise der Mandatsbearbeitung wie zB Bearbeitung durch einen bestimmten Anwalt, Unterrichtungspflichten und Vereinbarungen über den Ausschluss von Kündigungsrechten.[98] Problematisch sind jedoch Klauseln, die sowohl für die Vergütung wie auch für das übrige Mandatsverhältnis relevant sind, also etwa eine generelle Gerichtsstandvereinbarung für Vergütungsklagen und für sonstige Klagen aus dem Mandatsverhältnis.[99] Insoweit wird vertreten, dass aus der gesetzgeberischen Intention, Vergütungsvereinbarungen nicht kleinlich zu unterbinden, folge, dass sowohl die Aufnahme in die eigentlichen Vergütungsvereinbarung wie auch die Aufnahme in den davon zu trennenden Teil der „anderen Vereinbarung" zulässig ist.[100] Zu empfehlen ist jedoch, hier den sichersten Weg zu wählen und solche Vereinbarung in den deutlich zu trennenden Teil der anderen Vereinbarungen aufzunehmen.[101]

b) Ausnahme Auftragserteilung

46 Eine beträchtliche Erleichterung für die alltägliche Abfassung von Vergütungsvereinbarungen bringt die Regelung in § 3a Abs. 1 S. 2 RVG, dass die Vergütungsvereinbarung nicht von der Auftragserteilung deutlich abge-

96 Mayer/Kroiß/*Winkler/Teubel* RVG § 3a Rn. 38.
97 Mayer/Kroiß/*Winkler/Teubel* RVG § 3a Rn. 39.
98 Mayer/Kroiß/*Winkler/Teubel* RVG § 3a Rn. 41 mwN.
99 Mayer/Kroiß/*Winkler/Teubel* RVG § 3a Rn. 45.
100 Mayer/Kroiß/*Winkler/Teubel* RVG § 3a Rn. 45.
101 Mayer/Kroiß/*Winkler/Teubel* RVG § 3a Rn. 45.

setzt sein muss. Diese Regelung stellt die Reaktion des Gesetzgebers auf die Auffassung der Rechtsprechung dar, dass die Vereinbarung der vom Anwalt für das Honorar geschuldeten, im Gegenseitigkeitsverhältnis stehenden Hauptleistung als „andere Erklärung“ im Sinne von § 3 Abs. 1 S. 1 BRAGO aF einzuordnen war,[102] so dass der Abschluss des Anwaltsvertrages selbst, insbesondere die Vereinbarung der Leistungspflicht des Anwalts, zu den „anderen Vereinbarungen“ gehört, die grundsätzlich von der Vergütungsvereinbarung deutlich abzusetzen sind.[103] Der Auftrag an den Anwalt und die Vergütungsregelung müssen somit nicht deutlich voneinander abgesetzt werden. Voraussetzung für die zulässige Verbindung von Auftragserteilung und Vergütungsvereinbarung ist jedoch, dass sich die Vereinbarung auf das erteilte Mandat bezieht, die Vereinbarung einer Vergütung für ein anderes Mandat führt zum Formverstoß.[104]

c) Gestaltung

Im Urteil vom 3.12.2015 hat der BGH[105] weitere Klarheit in die die Praxis vor erhebliche Probleme stellende Frage gebracht, wie das Erfordernis des deutlichen Absetzens der Vergütungsvereinbarung von anderen Vereinbarungen mit Ausnahme der Auftragserteilung nach § 3a Abs. 1 S. 2 RVG zu verstehen ist. Anders als Teile der Rechtsprechung[106] und die Literatur[107] stellt der BGH weder auf die Anforderungen an die äußere Gestaltung der Widerrufsbelehrung nach Art. 246 Abs. 3 EGBGB, noch auf die Anforderungen im Heilmittelwerberecht (§ 4 Abs. 3 S. 1 HWG aF) oder Arzneimittelrecht (§ 11 Abs. 5 S. 2 AMG) ab, sondern verlangt zum einen, dass die Vergütungsvereinbarung in einem gesonderten und entsprechend gekennzeichneten Abschnitt oder Paragrafen geregelt werden muss und dass zusätzlich die Vergütungsvereinbarung optisch von anderen im Vertragstext enthaltenen Bestimmungen der Auftragserteilung abgegrenzt ist. Die bloße Überschrift eines Paragrafen, wie etwa „Vergütung“, reicht nach dem BGH[108] nicht, wenn auch die anderen Regelungen des Vertrags jeweils mit derartigen Überschriften versehen sind.[109] 47

Es empfiehlt sich daher mit andersfarbigem Text, anderer, dh größerer und auffälligerer Schrifttype oder sonstigen optisch wahrnehmbaren Abgrenzun- 48

102 BGH NJW 2004, 2818 ff. mit Besprechung *Mayer* RVG-Letter 2004, 102 ff.; BeckRS 2007, 02307 mit Besprechung *Mayer* RVG-Letter 2007, 35f.; Gerold/Schmidt/*Mayer* RVG § 3a Rn. 11.
103 *Mayer* AnwBl 2006, 160 ff. (162); Gerold/Schmidt/*Mayer* RVG § 3a Rn. 11.
104 Hartung/Schons/Enders/*Schons* RVG § 3a Rn. 45.
105 BGH NJW 2016, 1596 = BeckRS 2016, 01091.
106 OLG Karlsruhe BeckRS 2015, 0232 = AnwBl 2015, 350.
107 KMK Vergütungsvereinbarung Rn. 649.
108 BGH NJW 2016, 1596 mit Anm. *Mayer* FD-RVG 2016, 375486.
109 Gerold/Schmidt/*Mayer* RVG § 3a Rn. 14.

gen zu arbeiten.[110] Der sicherste Weg ist jedoch, mit zwei Vereinbarungen zu arbeiten, nämlich der eigentlichen Vergütungsvereinbarung und einer weiteren Vereinbarung über die sonstigen für das Mandatsverhältnis geltenden Regelungen.[111] Auch eine Vergütungsvereinbarung, die in Fettdruck geschrieben und in einen Kasten gesetzt ist,[112] dürfte genügen.[113]

4. Trennung von der Vollmacht

49 Nach § 3a Abs. 1 S. 2 RVG darf die erfolgsbezogene Vergütungsvereinbarung nicht in der Vollmacht enthalten sein. Die gesetzliche Formulierung ist sprachlich ungenau; gemeint ist, dass die erfolgsbezogene Vergütungsvereinbarung nicht in einer Vollmachtsurkunde enthalten sein darf. Daher müssen de facto mindestens zwei Urkunden bzw. Schriftträger vorhanden sein, nämlich eine Vollmachtsurkunde und ein weiterer Schriftträger, nämlich die Vergütungsvereinbarung, letztere kann in Textform errichtet werden.[114]

50 Nicht ausreichend ist, wenn die Vergütungsvereinbarung und die Vollmacht zwar in eine Urkunde aufgenommen werden, beide Erklärungen aber deutlich voneinander abgesetzt werden; das RVG unterscheidet zwischen der generell unzulässigen Verbindung mit der Vollmacht und der unter der Voraussetzung des deutlichen Absetzens zulässigen Verbindung mit anderen Vereinbarungen.[115]

5. Hinweispflicht auf begrenzte Kostenerstattung

51 § 3a Abs. 1 S. 3 schreibt vor, dass eine Vergütungsvereinbarung einen Hinweis darauf zu enthalten hat, dass die gegnerische Partei, ein Verfahrensbeteiligter oder die Staatskasse im Falle der Kostenerstattung regelmäßig nicht mehr als die gesetzliche Vergütung erstatten muss. Der Gesetzgeber bezweckt mit dieser Hinweispflicht den Schutz der Rechtsuchenden; diesem soll verdeutlicht werden, dass die Vergütung, soweit diese die gesetzliche Vergütung übersteigt, grundsätzlich selbst zu tragen ist.[116]

52 Bei erfolgsbezogenen Vergütungsvereinbarungen wird dieses Erfordernis noch ergänzt durch die Regelung in § 4a Abs. 3 Nr. 2, wonach die Vergütungsvereinbarung auch die Angabe enthalten muss, ob und gegebenenfalls welchen Einfluss die Vereinbarung auf die gegebenenfalls vom Auftraggeber

110 Vgl. die Anm. *Mayer* FD-RVG 2016, 375486; *Mayer* NJW 2016, 1555.
111 Vgl. die Anm. *Mayer* FD-RVG 2016, 375486; *Mayer* NJW 2016, 1555.
112 Vgl. die Besprechung von *Hansens* RVGreport 2016, 91.
113 Gerold/Schmidt/*Mayer* RVG § 3a Rn. 14a.
114 Bischof/*Bischof* RVG § 3a Rn. 28; Gerold/Schmidt/*Mayer* RVG § 3a Rn. 15.
115 Bischof/*Bischof* RVG § 3a Rn. 28; Gerold/Schmidt/*Mayer* RVG § 3a Rn. 16.
116 BT-Drs. 16/8384, 10.

zu zahlenden Gerichtskosten, Verwaltungskosten und die von diesem zu erstattenden Kosten anderer Beteiligter haben soll.

V. Muster

1. No win – no fee-Vereinbarung für das gerichtliche Verfahren

Zwischen Herrn/Frau ... (Name), ... (Straße), ... (Postleitzahl) ... (Ort) 53

– im Folgenden „Mandant/Mandantin" genannt –

und Rechtsanwalt ... (Name), ... (Straße), ... (Postleitzahl) ... (Ort)

– im Folgenden „Rechtsanwalt" genannt –

wird folgende Vereinbarung über eine erfolgsbasierte Vergütung geschlossen:

§ 1

Der Mandant/die Mandantin beauftragt den Rechtsanwalt mit der Geltendmachung des restlichen Werklohnanspruchs iHv 1.875 EUR aus der Rechnung vom ... in Höhe von ....

§ 2

Der Rechtsanwalt soll für den Mandanten/die Mandantin auf der Basis eines Erfolgshonorars nach § 4a Abs. 1 S. 1 Nr. 1 RVG tätig werden. Unter Erfolg verstehen die Parteien, dass das gerichtliche Verfahren zu einem Zahlungsanspruch in Höhe von mindestens 1.875 EUR führt, gleich ob durch Urteil oder durch Vergleich. Sollte der Betrag nicht betreibbar sein oder sollte ein niedrigerer Betrag als 1.875 EUR im gerichtlichen Verfahren zugesprochen werden oder ein Vergleich mit einem entsprechenden Inhalt geschlossen werden, gehen die Parteien von einem Misserfolg aus.

Für die Frage, ob ein Erfolg oder ein Misserfolg vorliegt, ist ausschließlich die Hauptforderung entscheidend. Zinsen und Nebenforderungen bleiben bei dieser Beurteilung außer Betracht.

§ 3

Der Mandant/die Mandantin verpflichtet sich, an den Rechtsanwalt im Erfolgsfall eine Vergütung in Höhe des 2-fachen der gesetzlichen Gebühren zu bezahlen. Im Misserfolgsfall hingegen schuldet er/sie keine Vergütung.

§ 4

Bestimmend für die Bemessung des Erfolgshonorars im Sinne von § 4a Abs. 3 Nr. 3 RVG ist für die Vertragsparteien die Erwägung, dass es entscheidend von dem Ergebnis eines im Rechtsstreit einzuholenden Sachverständigengutachtens abhängt, ob die Ausführung der den strittigen Rechnungspositionen zugrundeliegenden Arbeiten tatsächlich erforderlich gewesen ist. Die Parteien gehen davon aus, dass eine Erfolgswahrscheinlichkeit von 50 % besteht, dass der Sachverständige zu dem Ergebnis gelangt, dass die insoweit abgerechneten Arbeiten erforderlich waren.

§ 5

Vorstehende Erfolgshonorarvereinbarung hat keinen Einfluss auf die vom Mandanten/von der Mandantin gegebenenfalls zu zahlenden Gerichtskosten, Verwaltungskosten oder die von ihm/ihr zu erstattenden Kosten anderer Beteiligter.

Auf eine nähere Berechnung dieser Kosten verzichtet der Mandant/die Mandantin.

§ 6

Im Falle der Kostenerstattung hat die gegnerische Partei, ein Verfahrensbeteiligter oder die Staatskasse nicht mehr als die gesetzliche Vergütung zu erstatten. Die verbleibende Differenz trägt der Mandant/die Mandantin.

Ort, Datum ... ...
Rechtsanwalt
Ort, Datum ... ...
Mandant/Mandantin

2. No win – less fee-Vereinbarung außergerichtlich und für das gerichtliche Verfahren auf Beklagtenseite

54 Zwischen Herrn/Frau ... (Name), ... (Straße), ... (Postleitzahl) ... (Ort)

– im Folgenden „Mandant/Mandantin" genannt –

und Rechtsanwalt ... (Name), ... (Straße), ... (Postleitzahl) ... (Ort)

– im Folgenden „Rechtsanwalt" genannt –

wird folgende Vereinbarung über eine erfolgsbasierte Vergütung geschlossen:

§ 1

Der Mandant/die Mandantin beauftragt den Rechtsanwalt mit der Abwehr der Forderung der Vermieterin gegen den Mandanten/die Mandantin aus der Betriebskostenabrechnung für das Jahr 2020 iHv 980 EUR.

§ 2

Der Rechtsanwalt soll für den Mandanten/die Mandantin auf der Basis eines Erfolgshonorars nach § 4a Abs. 1 S. 1 Nr. 1 RVG tätig werden. Unter Erfolg verstehen die Parteien, dass die Betriebskostenforderung iHv 980 EUR außergerichtlich oder gerichtlich abgewehrt wird, gleich ob durch Urteil oder durch Vergleich. Sollte ein Betrag auf die Betriebskostenabrechnung im gerichtlichen Verfahren zugesprochen werden oder ein Vergleich mit einem entsprechenden Inhalt geschlossen werden, gehen die Parteien von einem Misserfolg aus.

§ 3

Der Mandant/die Mandantin verpflichtet sich, an den Rechtsanwalt im Misserfolgsfall eine Vergütung in Höhe von einem Drittel der gesetzlichen Gebühren zu bezahlen. Der Mandant/die Mandantin verpflichten sich ferner, an den Rechtsanwalt im Erfolgsfall eine Vergütung in Höhe des 1 1/3-fachen der gesetzlichen Gebühren zu bezahlen.

Für die Frage, ob ein Erfolg oder ein Misserfolg vorliegt, ist ausschließlich die Hauptforderung entscheidend. Zinsen und Nebenforderungen bleiben bei dieser Beurteilung außer Betracht.

§ 4

Bestimmend für die Bemessung des Erfolgshonorars im Sinne von § 4a Abs. 3 Nr. 3 RVG ist für die Vertragsparteien die Erwägung, dass die in Rede stehende Betriebskostenabrechnung bereits auf den ersten Blick formell fehlerhaft erscheint und auch in den vergangenen Jahren erfolgreich abgewehrt werden konnte. Die Parteien gehen davon aus, dass eine Erfolgswahrscheinlichkeit von 66 % besteht, dass die Betriebskostenforderung abgewehrt werden kann.

§ 5

Vorstehende Erfolgshonorarvereinbarung hat keinen Einfluss auf die vom Mandanten/von der Mandantin gegebenenfalls zu zahlenden Gerichtskosten, Verwaltungskosten oder die von ihm/ihr zu erstattenden Kosten anderer Beteiligter.

Auf eine nähere Berechnung dieser Kosten verzichtet der Mandant/die Mandantin.

§ 6

Im Falle der Kostenerstattung hat die gegnerische Partei, ein Verfahrensbeteiligter oder die Staatskasse nicht mehr als die gesetzliche Vergütung zu erstatten. Die verbleibende Differenz trägt der Mandant/die Mandantin.

Ort, Datum ... ...
Rechtsanwalt
Ort, Datum ... ...
Mandant/Mandantin

3. Außergerichtliche quota-litis-Vereinbarung – Schmerzensgeld[117]

Zwischen Herrn/Frau ... (Name), ... (Straße), ... (Postleitzahl) ... (Ort) 55

– im Folgenden „Mandant/Mandantin“ genannt –

und Rechtsanwalt ... (Name), ... (Straße), ... (Postleitzahl) ... (Ort)

– im Folgenden „Rechtsanwalt“ genannt –

wird folgende Vereinbarung über eine erfolgsbasierte Vergütung geschlossen:

§ 1

Der Mandant/die Mandantin beauftragt den Rechtsanwalt mit der außergerichtlichen Geltendmachung seines/ihres Schmerzensgeldanspruchs gegen ... aufgrund des Verkehrsunfalls am ... iHv 2.000 EUR.

§ 2

Der Rechtsanwalt soll für den Mandanten/die Mandantin auf der Basis eines Erfolgshonorars nach § 4a Abs. 1 S. 1 Nr. 1 RVG tätig werden. Unter Erfolg verstehen die Parteien, dass im Zuge der außergerichtlichen Tätigkeit des Rechtsanwalts ein Schmerzensgeldanspruch von ... anerkannt wird und auch an den Mandanten/die Mandantin ausbezahlt wird.

§ 3

Der Mandant/die Mandantin verpflichtet sich, an den Rechtsanwalt eine Vergütung iHv 30 % des ausgezahlten Schmerzensgeldbetrages zzgl. 19 % Umsatzsteuer zu bezahlen.

§ 4

Bestimmend für die Bemessung des Erfolgshonorars im Sinne von § 4a Abs. 3 Nr. 3 RVG ist für die Vertragsparteien die Erwägung, dass im vorliegenden Fall der Kausalzu-

117 Der Schmerzensgeldanspruch ist pfändbar, *Herget* in Zöller ZPO § 829 Rn. 33, 44.

sammenhang zwischen dem Unfallereignis und dem Auftreten der Beschwerden schwer nachweisbar ist und die Schmerzensgeldforderung auch der Höhe nach im Streit steht. Die Parteien sind daher von einer Erfolgswahrscheinlichkeit von allenfalls 25 % ausgegangen. Auf Wunsch des Mandanten/der Mandantin haben sich die Parteien auf eine quota-litis-Vereinbarung geeinigt. In Anbetracht des vom Rechtsanwalt übernommenen Vergütungsrisikos – im Misserfolgsfall erhält der Rechtsanwalt überhaupt keine Vergütung, die Erfolgswahrscheinlichkeit ist gering – haben sich die Parteien darauf geeinigt, dass dann, wenn dem Mandanten/der Mandantin ein Schmerzensgeldbetrag zufließt, der Rechtsanwalt 30 % zzgl. 19 % Umsatzsteuer als Honorar erhält.

§ 5

Die vorstehende Erfolgshonorarvereinbarung hat keinen Einfluss auf vom Mandanten/von der Mandantin gegebenenfalls zu zahlende Gerichtskosten, Verwaltungskosten oder die von ihm/ihr zu erstattenden Kosten anderer Beteiligter.

Auf eine nähere Berechnung dieser Kosten verzichtet der Mandant/die Mandantin.

§ 6

Im Falle der Kostenerstattung hat die gegnerische Partei, ein Verfahrensbeteiligter und die Staatskasse nicht mehr als die gesetzliche Vergütung zu erstatten. Die verbleibende Differenz trägt der Mandant/die Mandantin.

Ort, Datum ... ...
Rechtsanwalt
Ort, Datum ... ...
Mandant/Mandantin

4. No win – less fee-Vereinbarung für das gerichtliche Verfahren (Klägerseite)

56 Zwischen Herrn/Frau ... (Name), ... (Straße), ... (Postleitzahl) ... (Ort)

– im Folgenden „Mandant/Mandantin“ genannt –

und Rechtsanwalt ... (Name), ... (Straße), ... (Postleitzahl) ... (Ort)

– im Folgenden „Rechtsanwalt“ genannt –

wird folgende Vereinbarung über eine erfolgsbasierte Vergütung geschlossen:

§ 1

Der Mandant/die Mandantin beauftragt den Rechtsanwalt mit der Geltendmachung ihrer restlichen Schadensersatzansprüche aus dem Verkehrsunfallereignis vom ... gemäß Aufforderungsschreiben vom ... iHv 1.950 EUR.

§ 2

Der Rechtsanwalt soll für den Mandanten/die Mandantin auf der Basis eines Erfolgshonorars nach § 4a Abs. 1 S. 1 Nr. 1 RVG tätig werden. Unter Erfolg verstehen die Parteien, dass das gerichtliche Verfahren zu einem Zahlungsanspruch in Höhe von mindestens 1.950 EUR führt, gleich ob durch Urteil oder durch Vergleich. Sollte der Betrag nicht beitreibbar sein oder sollte ein niedrigerer Betrag als 1.950 EUR im gerichtlichen Verfahren zugesprochen werden oder ein Vergleich mit dem entsprechenden Inhalt geschlossen werden, gehen die Parteien von einem Misserfolg aus.

§ 3

Der Mandant/die Mandantin verpflichtet sich, den Rechtsanwalt im Erfolgsfall eine Vergütung in Höhe des dreifachen der gesetzlichen Gebühren zu bezahlen. Im Misserfolgsfall schuldet er/sie hingegen eine Vergütung in Höhe von 1/3 der gesetzlichen Gebühren.

§ 4

Bestimmend für die Bemessung des Erfolgshonorars im Sinne von § 4a Abs. 3 Nr. 3 RVG ist für die Vertragsparteien die Erwägung, dass im vorliegenden Rechtsstreit allein entscheidend ist, ob die Beklagte zu Recht eine Kürzung des Schadensersatzanspruches des Mandanten/der Mandantin aufgrund der Betriebsgefahr mit 20 % vorgenommen hat. Die Rechnungspositionen sind unstreitig. Die Parteien gehen davon aus, dass die Erfolgswahrscheinlichkeit bei etwa 25 % liegt, das Gericht davon zu überzeugen, dass insoweit keine Betriebsgefahr zulasten der Mandant/der Mandantin anzusetzen ist.

§ 5

Vorstehende Erfolgshonorarvereinbarung hat keinen Einfluss auf die vom Mandanten/von der Mandantin gegebenenfalls zu zahlenden Gerichtskosten, Verwaltungskosten oder die von ihm/ihr zu erstattenden Kosten anderer Beteiligter.

Auf eine nähere Berechnung dieser Kosten verzichtet der Mandant/die Mandantin.

§ 6

Im Falle der Kostenerstattung hat die gegnerische Partei, ein Verfahrensbeteiligter oder die Staatskasse nicht mehr als die gesetzliche Vergütung zu erstatten. Die verbleibende Differenz trägt der Mandant/die Mandantin.

Ort, Datum ... ...
Rechtsanwalt
Ort, Datum ... ...
Mandant/Mandantin

B. Erfolgshonorarvereinbarung bei Inkassodienstleistungen außergerichtlich oder in einem der in § 79 Abs. 2 S. 2 Nr. 4 ZPO genannten Verfahren, § 4a Abs. 1 S. 1 Nr. 2 RVG

I. Allgemeines

Nach § 4a Abs. 1 Nr. 2 RVG dürfen nunmehr Erfolgshonorare mit Rechtsanwältinnen und Rechtsanwälten abweichend vom grundsätzlichen Verbot des § 49b Abs. 2 S. 1 BRAO auch dann vereinbart werden, wenn die Rechtsanwältin oder der Rechtsanwalt Inkassodienstleistungen im Sinne des § 2 Abs. 2 S. 1 RDG außergerichtlich oder in einem in § 79 Abs. 2 S. 2 Nr. 4 ZPO genannten Verfahren (dh im gerichtlichen Mahnverfahren oder im Zwangsvollstreckungsverfahren) erbringt.[118] Rechtsanwältinnen und Rechtsanwälte sollen hierdurch vor allem im selben Umfang wie registrierten Inkassodienstleistern die Vereinbarung eines Erfolgshonorars sowie daran anknüpfend dann auch eine Übernahme von Kosten im Sinne von § 49b S. 2 S. 2 BRAO in solchen Fällen ermöglicht werden, in denen registrierte Inkassodienstleister (insbesondere als Legal-Tech-Unternehmen) bereits Rechtsdienstleistungen im Rahmen der Forderungseinziehung erbringen. Der Gesetzgeber will hierdurch einen kohärenten Gleichlauf der Beschränkungen herstellen, indem die rechtsberatende Rechtsdienstleistung der anwaltlichen Tätigkeit nicht weiter beschränkt wird als diejenige der registrierten Inkassodienstleister.[119] 57

Auswirkungen hat die neu aufgenommene Regelung § 4a Abs. 1 S. 1 Nr. 2 RVG in Anbetracht der Regelung in § 4a Abs. 1 S. 1 Nr. 1 RVG nur noch bei Verfahren, bei denen die Forderung mehr als 2.000 EUR beträgt, sowie in der Frage der Kostenübernahme. Da die Variante § 4a Abs. 1 S. 1 Nr. 2 RVG (mit Ausnahme der in § 79 Abs. 2 S. 2 Nr. 4 ZPO benannten Fälle) auf Fälle beschränkt ist, in den Rechtsanwältinnen und Rechtsanwälte nicht selbst als Prozessbevollmächtigte auftreten, ist der Anwendungsbereich nach Einschätzung des Gesetzgebers in der Praxis „möglicherweise nicht übermäßig hoch“.[120] Ihre Einführung sei jedoch aus den bereits bezeichneten Kohärenzgründen erforderlich. Sie ermögliche es beispielsweise, dass Rechtsanwältinnen und Rechtsanwälte – wie derzeit schon Legal-Tech-Unternehmen – eine Forderungseinziehung auf Basis eines Erfolgshonorars anbieten können. 58

118 BT-Drs. 19/27673, 36.
119 BT-Drs. 19/27673, 36.
120 BT-Drs. 19/27673, 36.

59 Nicht von der Erfolgshonorarvereinbarung umfasst sein dürfe jedoch das Auftreten der Rechtsanwältin oder des Rechtsanwalts als Prozessbevollmächtigte bzw. Prozessbevollmächtigter in streitigen Verfahren, die nicht von § 79 Abs. 2 S. 2 Nr. 4 ZPO umfasst seien. Durch diese Beschränkung werde verhindert, dass es im Rahmen der für die Durchsetzung eines Anspruchs entscheidenden Geltendmachung vor Gericht zu einer zu engen Verbindung zwischen den Interessen der Rechtsanwältinnen und Rechtsanwälte und ihrer Mandanten komme.[121] Für Inkassodienstleistungen im außergerichtlichen Bereich, mit den dort vorherrschenden, vor allem auf eine konsensuale Streitbeilegung gerichteten Mitteln sei eine solche enge Verzahnung demgegenüber grundsätzlich nur in geringem Maß zu befürchten. Eine weitergehende Ausweitung sei zur Erreichung einer kohärenten Angleichung an die den registrierten Inkassodienstleistungen zur Verfügung stehenden Möglichkeiten jedoch nicht erforderlich. Eine weitergehende Ausweitung würde nach Auffassung des Gesetzgebers dem Schutz der anwaltlichen Unabhängigkeit der Mandanten und der prozessualen Waffengleichheit entgegenstehen.[122]

II. Tatbestandsvoraussetzungen

1. Inkassodienstleistungen

60 Der Begriff der Inkassodienstleistungen ist in § 2 Abs. 2 S. 1 RDG legaldefiniert. Die Legaldefinition wurde vom Gesetzgeber durch das Gesetz zur Förderung verbrauchergerechter Angebote im Rechtsdienstleistungsmarkt vom 10.8.2021[123] geändert, nachdem in der Praxis aufgrund der umfangreichen Geschäftsmodelle der Legal-Tech-Unternehmen die Frage akut geworden war, welche Tätigkeiten (noch) dem Begriff der Inkassodienstleistungen zu zuordnen sind.[124] Mit dem nunmehr in § 2 Abs. 2 S. 1 RDG aufgenommenen Zusatz „einschließlich der auf die Einziehung bezogenen rechtlichen Prüfung und Beratung“ stellt der Gesetzgeber klar, dass die Tätigkeiten der Prüfung der Berechtigung der Forderung und die Beratung des Auftraggebers vom Begriff der Inkassodienstleistung erfasst sind, solange und soweit sie sich auf die Einziehung einer konkreten Forderung beziehen.[125] Inkassodienstleistung ist somit die Einziehung fremder oder zum Zweck der Einziehung auf fremde Rechnung abgetretener Forderungen, wenn die Forderungseinziehung als eigenständiges Geschäft betrieben wird, einschließlich der auf die Einziehung bezogenen rechtlichen Prüfung und Beratung.

121 BT-Drs. 19/27673, 36.
122 BT-Drs. 19/27673, 36.
123 BGBl. 2021 I, 3415.
124 BT-Drs. 19/27673, 39.
125 BT-Drs. 19/27673, 39.

Im Übrigen wollte der Gesetzgeber mit der Ergänzung in § 2 Abs. 2 S. 1 RDG aber auch verdeutlichen, dass weitergehende Tätigkeiten, auch wenn sie in einem gewissen inhaltlichen Zusammenhang mit der Forderungseinziehung stehen, nicht mehr unter den Begriff der Inkassodienstleistung gefasst werden können, wenn sie sich nicht auf die Einziehung der im konkreten Fall gegenständlichen Forderung beziehen. Dieses Verständnis des Gesetzgebers weicht in Teilen von der Entscheidung des BGH ab, der im Verfahren VII ZR 285/18 den Begriff der Inkassodienstleistung selbst als entwicklungsoffen bezeichnet hat.[126] 61

a) Außergerichtlich

Die Variante des Erfolgshonorars nach § 4 Abs. 1 S. 1 Nr. 2 greift zunächst ein, wenn eine Inkassodienstleistungen außergerichtlich erbracht wird. 62

b) In einem in § 79 Abs. 2 S. 2 Nr. 4 ZPO genannten Verfahren

Die Variante des Erfolgshonorars greift aber auch ein, wenn eine Inkassodienstleistungen in einem der in § 79 Abs. 2 S. 2 Nr. 4 ZPO genannten Verfahren erbracht wird. In § 79 Abs. 2 S. 1 Nr. 4 ZPO genannt sind das Mahnverfahren bis zur Abgabe an das Streitgericht und das Verfahren der Zwangsvollstreckung wegen Geldforderungen in das bewegliche Vermögen mit Ausnahme von Handlungen, die ein streitiges Verfahren einleiten oder innerhalb eines streitigen Verfahrens vorzunehmen sind. Erfasst sind somit das Mahnverfahren sowie alle Formen der Vollstreckung von Geldforderungen in das bewegliche Vermögen.[127] Erfasst ist auch noch die Einholung von Auskünften nach § 802e ZPO, insoweit wurde § 79 Abs. 2 S. 2 Nr. 4 ZPO durch Art. 8 des Gesetzes zur Verbesserung des Verbraucherschutzes im Inkassorecht und zur Änderung weiterer Vorschriften vom 22.12.2020[128] neu gefasst, um klarzustellen, dass Inkassodienstleister auch die Einholung von Auskünften nach § 802e ZPO beantragen können.[129] 63

2. Kein Einzelfallerfordernis

Anders als die bisherige Regelung in § 4 Abs. 1 S. 1 RVG aF, wonach ein Erfolgshonorar „nur für den Einzelfall“ vereinbart werden durfte, gilt auch dieses Erfordernis für die neugestaltete Variante des Erfolgshonorars, § 4a Abs. 1 S. 1 Nr. 2 RVG nicht mehr.[130] 64

126 BGH NZM 2020, 26 (133); BT-Drs. 19/27673, 39.
127 BeckOK ZPO/*Piepenbrock* ZPO § 79 Rn. 15.
128 BGBl. 2020 I, S. 3320.
129 Musielak/Voit/*Weth* ZPO § 79 Rn. 16.
130 Näher → Rn. 8.

3. Kein Höchstbetrag

65 Anders als die Variante § 4a Abs. 1 S. 1 Nr. 1 RVG ist bei einer Erfolgshonorarvereinbarung nach § 4a Abs. 1 S. 1 Nr. 2 RVG keine Höchstgrenze festgelegt worden, eine Erfolgshonorarvereinbarung in dieser Variante kann also auch vereinbart werden, wenn sich die Inkassodienstleistung auf eine Forderung über 2.000 EUR bezieht.

4. Nicht bei unpfändbaren Forderungen

66 Ebenso wie bei Erfolgshonorarvereinbarung nach § 4a Abs. 1 S. 1 Nr. 1 gilt nach § 4a Abs. 1 S. 2, dass eine Erfolgshonorarvereinbarung nach § 4a Abs. 1 S. 1 Nr. 2 RVG unzulässig ist, wenn sich der Auftrag auf eine Forderung bezieht, die der Pfändung nicht unterworfen ist.[131]

5. Prozessfinanzierung durch den Anwalt erlaubt

67 Bislang war es nach § 49b Abs. 2 S. 2 BRAO aF den Rechtsanwältinnen und Rechtsanwälten ausnahmslos untersagt, Vereinbarungen zu treffen, mit denen sie sich verpflichten, Gerichtskosten, Verwaltungskosten oder Kosten anderer Beteiligter zu tragen. Rechtsanwältinnen und Rechtsanwälte dürfen nicht als Prozessfinanzierer auftreten.[132] Das Verbot flankiert das aus § 49b Abs. 2 S. 1 BRAO folgende grundsätzliche Verbot, ein Erfolgshonorar zu vereinbaren. Es dient dem Schutz der anwaltlichen Unabhängigkeit. Denn eine vertraglich zugesicherte Übernahme von Kosten ist von den Rechtsanwältinnen und Rechtsanwälten (nur) dann endgültig zu tragen, wenn die übernommene Tätigkeit erfolglos bleibt. Im Erfolgsfall besteht dagegen die Möglichkeit, sich durch materiellrechtliche und prozessrechtliche Kostenerstattungsansprüche schadlos zu stellen.[133] Agieren Rechtsanwältinnen und Rechtsanwälte als Prozessfinanzierer, könnte es daher zu einer Gleichschaltung ihrer wirtschaftlichen Interessen mit denjenigen ihrer Auftraggeber kommen. Die von den Rechtsanwältinnen und Rechtsanwälten als unabhängigem Organ der Rechtspflege geforderte kritische Distanz zu den Anliegen ihrer Auftraggeber könnte dadurch gefährdet werden, dass den eigenen wirtschaftlichen Interessen am Erfolg der Sache ein übermäßiger Einfluss zukommt.[134] Zugleich wird mit dem Verbot die zivilprozessuale Waffengleichheit gefördert, indem verhindert wird, dass Kostenrisiken einseitig verlagert werden können.[135] Allerdings hat der Gesetzgeber durch das Gesetz zur Förderung verbrauchergerechter Angebote im Rechtsdienstleistungsmarkt vom

131 Siehe hierzu näher → Rn. 12f.
132 BT-Drs. 19/27673, 30.
133 BT-Drs. 19/27673, 30.
134 BT-Drs. 19/27673, 30.
135 BT-Drs. 19/27673, 30.

10.8.2021[136] dieses Verbot gelockert, die Neuregelung in § 49b Abs. 2 S. 2 BRAO ermöglicht deshalb unter grundsätzlicher Beibehaltung des Schutzes der Unabhängigkeit die Vereinbarung der Kostenübernahme, wenn in der Angelegenheit ein Erfolgshonorar nach § 4a Abs. 1 S. 1 Nr. 2 RVG vereinbart wird.[137] Nach Auffassung des Gesetzgebers besteht bei Erfolgshonorarvereinbarungen nach § 4a Abs. 1 S. 1 Nr. 2 RVG für Rechtsanwältinnen und Rechtsanwälte auch durch die Vereinbarung einer Kostenübernahme in der Regel kein übermäßiges weiteres wirtschaftliches Risiko, das maßgeblichen Einfluss auf die mit dem Verbot der Kostenübernahme verfolgten Schutzzwecke haben könne. Die Finanzierung von etwaigen Gerichtskosten, Verwaltungskosten und Kosten anderer Beteiligter stelle dort im Zusammenhang mit dem bereits aus der Vereinbarung über das Erfolgshonorar folgende Risiko, ohne eigene Vergütung zu bleiben, lediglich einen weiteren wirtschaftlichen Aspekt von begrenztem Umfang dar.[138] So würden im Fall des hauptsächlich die außergerichtliche Geltendmachung betreffenden § 4a Abs. 1 S. 1 Nr. 2 RVG nur in Ausnahmefällen Kosten im Sinne des § 49b Abs. 2 S. 2 BRAO entstehen, die dann auch eher gering sein würden. Im Ergebnis würden daher die geschützten Gemeinwohlinteressen nicht in wesentlich weitergehendem Umfang beeinträchtigt als durch die Vereinbarung des Erfolgshonorars an sich.[139] Rechtsanwältinnen und Rechtsanwälte könnten dieses Risiko kalkulatorisch bei der Entscheidung über die Annahme des Auftrags und der Vereinbarung über die Höhe des Erfolgshonorars berücksichtigen. Es bestehe daher keine derartige Beeinträchtigung der geschützten Gemeininteressen, die eine Untersagung der Vereinbarung einer Kostenübernahme für erforderlich machen würde.[140] Demgegenüber würde durch die zusätzlich ermöglichte Vereinbarung einer Kostenübernahme der Zugang zum Recht erleichtert und damit insbesondere der Schutz der Verbraucherinnen und Verbraucher verbessert, die andernfalls aufgrund der bestehenden Kostenrisiken von einer Rechtsverfolgung absehen könnten.[141]

Die Ausnahme vom Verbot der Prozessfinanzierung durch den Rechtsanwalt 68
gilt nur für Erfolgshonorarvereinbarungen nach § 4a Abs. 1 S. 1 Nr. 2 RVG. In allen übrigen Fällen, in denen ein Erfolgshonorar vereinbart werden darf, ist die Vereinbarung einer Kostenübernahme weiterhin untersagt. Dies gilt insbesondere auch für die in § 4a Abs. 1 S. 1 Nr. 3 RVG geregelten Fälle, die hauptsächlich die gerichtliche Vertretung durch Rechtsanwältinnen und

136 BGBl. 2021 I, 3415.
137 BT-Drs. 19/27673, 30.
138 BT-Drs. 19/27673, 31.
139 BT-Drs. 19/27673, 31.
140 BT-Drs. 19/27673, 31.
141 BT-Drs. 19/27673, 31.

Rechtsanwälte betreffen und in denen zB drohende hohe Kosten für Sachverständige Einfluss auf die Prozessführung einer Rechtsanwältin oder eines Rechtsanwalts haben könnten, die oder der diese Kosten im Misserfolg tragen müsste.[142] Deshalb ist nach Auffassung des Gesetzgebers das Verbot in diesen Fällen zum Schutz der Unabhängigkeit der Rechtsanwältinnen und Rechtsanwälte als Organ der Rechtspflege sowie zum Schutz der zivilprozessualen Waffengleichheit als flankierendes Verbot erforderlich und verhältnismäßig.[143] Der Regierungsentwurf sah im Übrigen auch eine Lockerung des Verbots der Prozessfinanzierung auch für die Fälle der Erfolgshonorarvereinbarung im Sinne von § 4a Abs. 1 S. 1 Nr. 1 RVG vor,[144] dieser Vorschlag setzte sich jedoch im Gesetzgebungsverfahren nicht durch.

6. Vereinbarungsmöglichkeiten

69 Die Regelung in § 4a Abs. 2 RVG, wonach sowohl in außergerichtlichen wie in gerichtlichen Angelegenheiten für den Fall des Misserfolgs keine oder eine geringere als die gesetzliche Vergütung zu zahlen ist, was nur vereinbart werden darf, wenn für den Erfolgsfall ein angemessener Zuschlag auf die gesetzliche Vergütung vereinbart wird, gilt in den Fällen der Erfolgshonorarvereinbarung nach § 4a Abs. 1 S. 1 Nr. 2 RVG nicht. Der Gesetzgeber gewährleistet jedoch durch § 4 Abs. 1 und 2 RVG, dass die Vergütungsvereinbarung grundsätzlich keinen Beschränkungen unterliegt.[145] Bislang bestimmte § 4 Abs. 1 S. 1 RVG aF, dass in außergerichtlichen Angelegenheiten eine niedrigere als die gesetzliche Vergütung vereinbart werden kann und sah für gerichtliche Mahnverfahren und bestimmte Zwangsvollstreckungsverfahren in § 4 Abs. 2 RVG aF weitergehende Regelungen vor. Nunmehr bestimmt § 4 Abs. 2 RVG, dass eine niedrigere als die gesetzliche Vergütung vereinbart werden kann oder der Rechtsanwalt ganz auf eine Vergütung verzichten kann, wenn Gegenstand der Angelegenheit eine Inkassodienstleistung in einem der in § 79 Abs. 2 S. 2 Nr. 4 ZPO genannten Verfahren ist. Durch die in § 4 Abs. 2 RVG enthaltene Regelung wird es Rechtsanwältinnen und Rechtsanwälten gestattet, bei Inkassotätigkeiten in den in § 79 Abs. 2 S. 2 Nr. 4 ZPO genannten Verfahren, in denen registrierte Inkassodienstleister tätig werden dürfen, ebenfalls eine niedrigere als die gesetzliche Vergütung zu vereinbaren. Die Regelung dient nach Auffassung des Gesetzgebers der kohärenten Angleichung der Möglichkeiten von Vergütungsvereinbarungen von registrierten Inkassodienstleistern und der Anwaltschaft im Bereich der

142 BT-Drs. 19/27673, 31.
143 BT-Drs. 19/27673, 31.
144 BT-Drs. 19/27673, 30.
145 BT-Drs. 19/27673, 37.

Inkassodienstleistungen.[146] Die Höhe der Vergütung soll nicht von einer Angemessenheitsprüfung abhängig sein.[147]

Ist Gegenstand der außergerichtlichen Tätigkeit eine Inkassodienstleistung gilt ferner § 4 Abs. 1 S. 2 RVG nicht, wonach dann, wenn eine niedrigere als die gesetzliche Vergütung vereinbart wird, sie in einem angemessenen Verhältnis zu Leistung, Verantwortung und Haftungsrisiko des Rechtsanwalts stehen muss. Vielmehr kann der Rechtsanwalt ganz auf eine Vergütung verzichten, § 4 Abs. 1 S. 3 RVG. Bislang erlaubte es § 4 Abs. 1 S. 3 RVG aF Rechtsanwältinnen und Rechtsanwälten nur beim Vorliegen der Voraussetzungen für die Gewährung von Beratungshilfe, in Fällen außergerichtlicher Vertretung ganz auf eine Vergütung zu verzichten. § 4 Abs. 1 S. 3 RVG sieht nunmehr eine Ausweitung dieser Möglichkeit vor, wenn Rechtsanwältinnen und Rechtsanwälte Inkassodienstleistungen im Sinne des § 2 Abs. 2 S. 1 RDG gleich einem registrierten Inkassodienstleister erbringen.[148] In beiden Fällen muss die Vereinbarung der Vergütung nicht mehr in einem angemessenen Verhältnis zu Leistung, Verantwortung und Haftungsrisiko der Rechtsanwältin oder des Rechtsanwalts stehen, es kann ohne Angemessenheitsprüfung eine geringe Vergütung vereinbart werden oder sogar vollständig auf eine Vergütung verzichtet werden.[149] Maßgeblicher Anlass für die Änderung war für den Gesetzgeber die europarechtlich gebotene Herbeiführung einer Kohärenz zu den für Inkassodienstleister geltenden Regelungen.[150] Registrierte Inkassodienstleister, zu denen viele der am Markt auftretenden Legal-Tech-Unternehmen gehören, unterlagen bislang nicht den für Anwälte bestehenden Verboten, sie konnten sowohl ein Erfolgshonorar vereinbaren als auch als Prozessfinanzierer auftreten und nach der Rechtsprechung des BGH rechtliche Beratungstätigkeiten erbringen, ohne dabei berufsrechtlichen Verboten zu unterliegen, die mit denen, die für Rechtsanwältinnen und Rechtsanwälte gelten, vergleichbar sind.[151] Dies führte zu einer Ungleichbehandlung von Rechtsanwältinnen und Rechtsanwälten und solchen Rechtsdienstleistern, die als registrierte Inkassodienstleister auftreten. Es betraf insbesondere Rechtsanwältinnen und Rechtsanwälte, die in den Bereichen tätig sind, in denen auch Legal-Tech-Unternehmen auftreten.[152] Diese Ungleichbehandlung begegnete unter anderem vor dem Hintergrund der Dienstleis- 70

146 BT-Drs. 19/27673, 33.
147 BT-Drs. 19/27673, 33.
148 BT-Drs. 19/27673, 32.
149 BT-Drs. 19/27673, 32.
150 BT-Drs. 19/27673, 32.
151 BT-Drs. 19/27673, 17.
152 BT-Drs. 19/27673, 17.

tungs- und Niederlassungsfreiheit nach Art. 49 und Art. 56 des Vertrags über die Arbeitsweise der Europäischen Union Bedenken.[153]

71 Auch unabhängig von den europarechtlichen Bedenken erschien dem Gesetzgeber die Änderung unabhängig davon inhaltlich sachgerecht. Wie sich schon aus der Regelung in § 4 Abs. 2 RVG aF und den Gesetzesmotiven dazu ergebe, bestünden bei Inkassodienstleistungen häufig ganz andere Arbeitsabläufe als bei anderen anwaltlichen Tätigkeiten.[154] Vielfach würden die für die Bearbeitung erforderlichen Angaben der Rechtsanwaltschaft bereits systematisiert und heutzutage zudem automatisiert übermittelt, so dass deren Arbeitsaufwand zum Teil nur sehr gering sei, zudem handele es sich häufig auch um Massengeschäfte. In solchen Fällen sei sachgerecht, dass andere Vergütungsstrukturen greifen könnten als bei einer sonst zumeist üblichen Einzelfallbearbeitung. Hinzu komme das für die Bearbeitung von Inkassodienstleistung in der Regel geringere erforderliche Fachwissen.[155]

72 § 4a Abs. 2 nimmt daher Vergütungsvereinbarungen nach § 4a Abs. 1 S. 1 Nr. 2 RVG aus. In diesen Fällen wird durch § 4 Abs. 1 und 2 RVG gewährleistet, dass die Vergütungsvereinbarung grundsätzlich keinen Beschränkungen unterliegt, solche Beschränkung sollen auch im Rahmen des Erfolgshonorars nicht bestehen. Um einen kohärenten Gleichlauf der Beschränkungen zu gewährleisten, stellt § 4a Abs. 2 RVG klar, dass die bisherige Beschränkung des § 4a Abs. 1 S. 2 RVG aF nicht für Erfolgshonorarvereinbarungen gilt, bei denen Rechtsanwältinnen und Rechtsanwälte lediglich Inkassodienstleistungen erbringen, die auch registrierten Inkassodienstleistungen erlaubt sind.[156]

III. Zwingende Vereinbarungsbestandteile

73 Der neu gefasste § 4 Abs. 3 RVG führt zwingende Bestandteile auf, die in eine erfolgsbezogene Vergütungsvereinbarung aufzunehmen sind, er ersetzt die bisherigen Abs. 2 und 3 von § 4a RVG aF.[157]

1. Höhe und Bedingungen des Erfolgshonorars, § 4a Abs. 3 Nr. 1 RVG

74 Insoweit gelten die Ausführungen zur erfolgsbasierten Vergütungsvereinbarung im Sinne von § 4a Abs. 1 S. 1 Nr. 1 RVG entsprechend, → Rn. 23 ff.

153 BT-Drs. 19/27673, 17.
154 BT-Drs. 19/27673, 32.
155 BT-Drs. 19/27673, 32.
156 BT-Drs. 19/27673, 37f.
157 BT-Drs. 19/27673, 38.

2. Hinweis auf Umfang der Kostenerstattungspflicht, § 4a Abs. 3 Nr. 2 RVG

Nach § 4a Abs. 3 S. 2 RVG aF war in eine erfolgsbezogene Vergütungsvereinbarung ein Hinweis aufzunehmen, dass die Vereinbarung keinen Einfluss auf die gegebenenfalls vom Auftraggeber zu zahlenden Gerichtskosten, Verwaltungskosten und die von ihm zu erstattenden Kosten anderer Beteiligter hat. Die Regelung war im Zusammenhang mit § 49b Abs. 2 S. 2 BRAO aF zu sehen, welche eine Vereinbarung, durch die der Rechtsanwalt sich verpflichtete, Gerichtskosten, Verwaltungskosten oder Kosten anderer Beteiligter zu tragen als unzulässig bezeichnete.[158] 75

Nachdem nunmehr § 49b Abs. 2 S. 2 BRAO die Vereinbarung einer Kostenübernahme bei der Variante der erfolgsbezogenen Vergütungsvereinbarung im Sinne von § 4a Abs. 1 S. 1 Nr. 2 RVG erlaubt, hat der Gesetzgeber die Regelung angepasst.[159] Nach § 4a Abs. 3 Nr. 2 RVG muss die erfolgsbezogene Vergütungsvereinbarung nunmehr auch eine Angabe dazu enthalten, ob und gegebenenfalls welchen Einfluss die Vereinbarung auf die gegebenenfalls vom Auftraggeber zu zahlenden Gerichtskosten, Verwaltungskosten und die von ihm zu erstattenden Kosten anderer Beteiligter haben soll. Es ist mithin schriftlich festzulegen, ob und in welchem Umfang eine Kostenübernahme durch die Rechtsanwältin oder den Rechtsanwalt erfolgen soll und inwiefern dieser Umstand bei den Konditionen der Vergütungsvereinbarung berücksichtigt wurde.[160] 76

3. Einschätzung der Erfolgsaussichten, § 4a Abs. 3 Nr. 3 RVG

Nach § 4a Abs. 3 Nr. 3 RVG müssen in einer Vereinbarung über ein Erfolgshonorar die wesentlichen Gründe, die für die Bemessung des Erfolgshonorars bestimmend sind, aufgenommen werden. Die Regelung entspricht inhaltlich unveränderte dem bisherigen § 4a Abs. 3 S. 1 RVG.[161] 77

Insoweit ist auf die Ausführungen zur erfolgsbezogene Vergütungsvereinbarung im Sinne von § 4a Abs. 1 S. 1 Nr. 1 RVG entsprechend zu verweisen, vgl. unter anderem → Rn. 30 ff. 78

4. Voraussichtliche gesetzliche und gegebenenfalls erfolgsunabhängige vertragliche Vergütung, § 4a Abs. 3 Nr. 4 RVG

Die voraussichtliche gesetzliche und gegebenenfalls erfolgsunabhängige vertragliche Vergütung, zu der der Rechtsanwalt bereit wäre, den Auftrag zu übernehmen, ist nach § 4a Abs. 3 Nr. 3 RVG nur bei erfolgsbezogenen Ver- 79

158 Gerold/Schmidt/*Mayer* RVG § 4a Rn. 41.
159 BT-Drs. 19/27673, 38.
160 BT-Drs. 19/27673, 38.
161 BT-Drs. 19/27673, 38.

gütungsvereinbarungen im Sinne von § 4a Abs. 1 S. 1 Nr. 3 RVG erforderlich und wird dort erörtert[162].

IV. Sonstige Formvorschriften

80 Auch für die Vergütungsvereinbarung nach § 4a Abs. 1 S. 1 Nr. 2 RVG gelten die formellen Anforderungen an eine Vergütungsvereinbarung generell. Insoweit kann auf die Ausführungen oben unter → Rn. 33 ff. verwiesen werden.

V. Muster No win – no fee-Vereinbarung Inkasso

81 Zwischen Herrn/Frau ... (Name), ... (Straße), ... (Postleitzahl) ... (Ort)

– im Folgenden „Mandant/Mandantin“ genannt –

und Rechtsanwalt ... (Name), ... (Straße), ... (Postleitzahl) ... (Ort)

– im Folgenden „Rechtsanwalt“ genannt –

wird folgende Vereinbarung über eine erfolgsbasierte Vergütung geschlossen:

§ 1

Der Mandant/die Mandantin beauftragt den Rechtsanwalt mit dem Inkasso der monatlichen Beiträge der Mitglieder des Fitnessstudios des Mandanten/der Mandantin. Die Beauftragung erstreckt sich auf die außergerichtliche Geltendmachung der Beitragsforderungen sowie auf ein anschließendes Mahnverfahren bis zur Abgabe an das Streitgericht und auf das Verfahren der Zwangsvollstreckung in das bewegliche Vermögen mit Ausnahme von Handlungen, die ein streitiges Verfahren einleiten oder innerhalb eines streitigen Verfahrens vorzunehmen sind.

§ 2

Der Rechtsanwalt soll für den Mandanten/die Mandantin in jedem Einzelfall auf der Basis eines Erfolgshonorars nach § 4a Abs. 1 S. 1 Nr. 2 RVG tätig werden. Unter Erfolg verstehen die Parteien, dass die außergerichtliche Tätigkeit des Rechtsanwalts, das Mahnverfahren oder die Zwangsvollstreckung zur vollständigen Beitreibung des rückständigen Beitrags nebst Zinsen und allen angefallenen Kosten führt. Sollte der Betrag nicht vollständig beitreibbar sein, gehen die Parteien von einem Misserfolg aus.

§ 3

Der Mandant/die Mandantin verpflichtet sich, an den Rechtsanwalt im Erfolgsfall eine Vergütung in Höhe des 1,5-fachen der gesetzlichen Gebühren zu bezahlen. Im Misserfolgsfall hingegen schuldet er/sie keine Vergütung. Etwaige Gerichtskosten und Zwangsvollstreckungskosten trägt im Misserfolgsfall der Rechtsanwalt. Er trägt auch im Innenverhältnis die Kosten der Schuldner.

162 → Rn. 91

§ 4

Bestimmend für die Bemessung des Erfolgshonorars im Sinne von § 4 Abs. 3 Nr. 3 RVG ist für die Vertragsparteien die Erwägung, dass erfahrungsgemäß 2/3 der Inkassovorgänge bei rückständigen monatlichen Beiträgen erfolgreich verläuft.

§ 5

Die vorstehende Erfolgshonorarvereinbarung hat Einfluss auf die gegebenenfalls zu zahlenden Gerichtskosten, Verwaltungskosten oder die zu erstattenden Kosten anderer Beteiligter. Im Misserfolgsfall trägt sie der Rechtsanwalt vollständig, im Erfolgsfall der Schuldner/die Schuldnerin.

§ 6

Im Falle der Kostenerstattung hat die gegnerische Partei, ein Verfahrensbeteiligter oder die Staatskasse nicht mehr als die gesetzliche Vergütung zu erstatten. Die verbleibende Differenz trägt der Mandant/die Mandantin.

Ort, Datum ... ...
Rechtsanwalt
Ort, Datum ... ...
Mandant/Mandantin

C. Erfolgshonorarvereinbarung im Einzelfall/Zugang zum Recht, § 4a Abs. 1 S. 1 Nr. 3

I. Allgemeines

Nach § 4a Abs. 1 S. 1 Nr. 3 RVG darf ein Erfolgshonorar vereinbart werden, wenn der Auftraggeber im Einzelfall bei verständiger Betrachtung ohne die Vereinbarung eines Erfolgshonorars von der Rechtsverfolgung abgehalten würde. Die Regelung orientiert sich grundsätzlich an der bisherigen Regelung des § 4a Abs. 1 S. 1 RVG aF, die der Umsetzung der Entscheidung des Bundesverfassungsgerichts vom 12.12.2006[163] diente. Die bisherige Regelung fokussierte sich dabei in Anbetracht der Vorgaben des Bundesverfassungsgerichts und der bei der Neuregelung verfolgten Zielsetzung, Einschränkungen des Erfolgshonorarverbots nur in dem danach zwingend erforderlichen Umfang vorzunehmen, jedoch darauf, dass Rechtsuchenden durch das Erfolgshonorarverbot nicht aufgrund ihrer wirtschaftlichen Situation die Möglichkeit genommen werden darf, qualifizierte anwaltliche Hilfe in Anspruch zu nehmen.[164] 82

Durch die Neuregelung will der Gesetzgeber die sich an der wirtschaftlichen Situation der Rechtsuchenden orientierende Betrachtung des Einzelfalls zugunsten einer generalisierenden Betrachtung dahin gehend aufgeben, ob rational denkende Rechtsuchende ohne Vereinbarung eines Erfolgshonorars von der Rechtsverfolgung abgehalten würden.[165] Denn letztlich erscheine es nicht angebracht, dass eine Person nur deshalb, weil sie im Vergleich zu einer anderen Person wirtschaftlich bessergestellt sei, von der Vereinbarung eines Erfolgshonorars abgehalten werde. Dies gelte vor allem, wenn alle Aspekte des Falles gleich lägen und insbesondere eine Risikoabwägung zu dem Ergebnis führe, dass die Vereinbarung eines Erfolgshonorars sachgerecht wäre. In diesem Fall sei es nicht sachgerecht, die Möglichkeit der Vereinbarung eines Erfolgshonorars ausschließlich deshalb zu verwehren, weil die oder der Rechtsuchende die Risiken des verlorenen Rechtsstreits wirtschaftlich besser verkraften könnte. Denn die bei einem verlorenen Prozess drohenden Kosten seien für beide Personen im Ergebnis gleich. Während sich durch diese Neuregelung der Zugang zum Recht für eine Personengruppe nachhaltig verbessere, seien die Auswirkungen der Neuregelung auf die mit den Beschränkungen des Erfolgshonorars verfolgten Ziele nur gering.[166] 83

163 NJW 2007, 979.
164 BT-Drs. 19/27673, 36.
165 BT-Drs. 19/27673, 37.
166 BT-Drs. 19/27673, 37.

II. Tatbestandsvoraussetzungen

1. Einzelfallerfordernis

84 Wie § 4a Abs. 1 S. 1 RVG aF darf ein Erfolgshonorar nach § 4a Abs. 1 S. 1 Nr. 3 RVG nur „im Einzelfall“ vereinbart werden. Dieses Merkmal kann weiterhin sowohl mandantenbezogen wie auch anwaltsbezogen verstanden werden.[167] Versteht man das Merkmal mandantenbezogen, so bedeutet es, dass nicht grundsätzlich mit einem Mandanten für alle von ihm in Auftrag gegebenen Angelegenheiten ein Erfolgshonorar vereinbart werden darf. Versteht man es hingegen anwaltsbezogen, so verbietet dies Merkmal, dass ein Anwalt generell in allen Rechtsangelegenheiten grundsätzlich nur auf Erfolgshonorarbasis in Form vom Erfolgshonoraren nach § 4a Abs. 1 S. 1 Nr. 3 tätig wird.[168] Nach der Gesetzesbegründung zu § 4a RVG aF durfte ein Erfolgshonorar nur für den Einzelfall und für einzelne Rechtsangelegenheiten mit einzelnen Mandanten vereinbart werden.[169] Es ist nicht erkennbar, dass der Gesetzgeber mit der Neufassung etwas ändern wollte. Es bleibt daher dabei, dass es nicht zulässig ist, dass ein Anwalt generell nur auf Erfolgshonorarbasis in Form von Erfolgshonorarvereinbarungen nach § 4a Abs. 1 S. 1 Nr. 3 für seine Mandanten tätig wird, noch ist es erlaubt, mit einem Mandanten eine Absprache dahin gehend zu treffen, dass grundsätzlich bestimmte Aufträge nur auf der Basis einer erfolgsbasierten Vergütung nach § 4a Abs. 1 S. 1 Nr. 3 RVG übernommen werden.[170]

2. Generalisierende verständige Betrachtung

85 Während bislang nach § 4a Abs. 1 S. 1 RVG aF ein Erfolgshonorar unter anderem nur dann vereinbart werden durfte, wenn der Auftraggeber aufgrund seiner wirtschaftlichen Verhältnisse bei verständiger Betrachtung ohne Vereinbarung eines Erfolgshonorars von der Rechtsverfolgung abgehalten würde, verlangt die Neuregelung nur noch, dass der Auftraggeber bei verständiger Betrachtung ohne Vereinbarung eines Erfolgshonorars von der Rechtsverfolgung abgehalten würde. Während bislang die Anbindung der Zulässigkeit einer Erfolgshonorarvereinbarung an die wirtschaftlichen Verhältnisse durch das Tatbestandsmerkmal der „verständigen Betrachtung“ relativiert wurde, das die Möglichkeit eröffnete, nicht nur die wirtschaftlichen Verhältnisse, sondern auch die finanziellen Risiken und deren Bewer-

167 Gerold/Schmidt/*Mayer* RVG § 4a Rn. 5.
168 Gerold/Schmidt/*Mayer* RVG § 4a Rn. 5.
169 BT-Drs. 16/8384, 10.
170 So auch zum alten Recht Schneider/Volpert/*Schneider* RVG § 4a Rn. 14; BeckOK RVG/*Seltmann* RVG § 4a Rn. 4; *Hansens* ZAP 2008, 1125 (1126); anderer Ansicht Bischof/*Bischof* RVG § 4a Rn. 9, der insoweit von einem Scheinproblem spricht.

tung durch den einzelnen Auftraggeber in den Blick zu nehmen,[171] so dass die Voraussetzungen für den Abschluss einer erfolgsbasierte Vergütung als flexibler Maßstab verstanden werden konnten,[172] gibt die Neuregelung die Anbindung der Zulässigkeitsvoraussetzung an die wirtschaftlichen Verhältnisse des Auftraggebers auf und ersetzt diese durch eine generalisierende Betrachtung, wobei Maßstab ist, ob der rational denkende Rechtsuchende ohne Vereinbarung eines Erfolgshonorars von der Rechtsverfolgung abgehalten würde. Für die vom Gesetzgeber gewollte generalisierende Betrachtung dürfte daher eine allgemeine Plausibilitätsprüfung dahin gehend genügen, ob der Mandant ohne die Vereinbarung eines Erfolgshonorars von der Rechtsverfolgung abgehalten würde, wobei über das Tatbestandsmerkmal der verständigen Betrachtung wieder subjektive Gründe des Auftraggebers weiterhin in den Blick genommen werden können, begrenzt allerdings durch den Maßstab eines rational denkenden Rechtsuchenden.[173]

3. Auch bei unpfändbaren Forderungen

Eine Erfolgshonorarvereinbarung im Sinne von § 4a Abs. 1 S. 1 Nr. 3 RVG ist auch möglich, soweit sich der Auftrag auf eine Forderung bezieht, die der Pfändung nicht unterworfen ist, die Ausnahmeregelung in § 4a Abs. 1 S. 2 greift insoweit nicht. 86

4. Beratungshilfe- oder Prozesskostenhilfeberechtigung

Nach § 4a Abs. 1 S. 3 RVG bleibt für die Beurteilung nach S. 1 Nr. 3 die Möglichkeit, Beratungs- oder Prozesskostenhilfe in Anspruch zu nehmen, außer Betracht. Der Gesetzgeber übernimmt damit im Wesentlichen die Regelung des § 4a Abs. 1 S. 3 RVG aF, wobei lediglich eine geringfügige Anpassung daran erfolgt, dass durch die Änderung in § 4a Abs. 1 S. 1 die bisher in S. 1 geregelte Ausnahme vom Verbot der Vereinbarung eines Erfolgshonorars nunmehr in § 4a Abs. 1 S. 1 Nr. 3 verortet ist.[174] 87

§ 4a Abs. 1 S. 3 nimmt nunmehr nur noch auf den Fall des § 4a S. 1 Nr. 3 Bezug, da sein Inhalt lediglich für die Beurteilung des Einzelfalls nach § 4a Abs. 1 S. 1 Nr. 3 RVG maßgeblich ist, für die Ausnahmefälle nach § 4a Abs. 1 S. 1 Nr. 1 und Nr. 2 RVG ist die Möglichkeit, Beratungs- und Prozesskostenhilfe in Anspruch zu nehmen, dagegen ohne Relevanz.[175] Die bisherige Regelung hatte zu Verwerfungen bei den Zulässigkeitsvoraussetzun- 88

171 BT-Drs. 16/8916, 14.
172 Gerold/Schmidt/*Mayer* RVG § 4a Rn. 7.
173 Siehe hierzu näher *Mayer* AnwBl Online 2021, 246.
174 BT-Drs. 19/27673, 37.
175 BT-Drs. 19/27673, 37.

gen der Vereinbarung eines Erfolgshonorars geführt.[176] Denn es war wenig überzeugend, wenn schon bei der Zulassungsvoraussetzung für eine erfolgsbasierte Vergütungsvereinbarung entscheidend auf die wirtschaftlichen Verhältnisse des Auftraggebers abgestellt wird, pauschal zu bestimmen, die auch die wirtschaftlichen Verhältnisse prägenden Umstände der Berechtigung zur Inanspruchnahme von Beratungshilfe oder Prozesskostenhilfe bei der Beurteilung der wirtschaftlichen Verhältnisse grundsätzlich außer Betracht zu lassen.

Die Zulässigkeitsvoraussetzung der Erfolgshonorarvereinbarung nach § 4a Abs. 1 S. 1 Nr. 3 stellt nicht mehr auf die wirtschaftlichen Verhältnisse ab, sondern verlangt lediglich noch eine allgemeine Plausibilitätsprüfung dahin gehend, ob der Mandant ohne die Vereinbarung eines Erfolgshonorars von der Rechtsverfolgung abgehalten würde. Die Regelung des in § 4a Abs. 1 S. 3 RVG hat daher im Kern lediglich zur Folge, dass bei der vorgenannten allgemeinen Plausibilitätsprüfung die Möglichkeit, Beratungs- oder Prozesskostenhilfe in Anspruch zu nehmen, grundsätzlich als Entscheidungskriterium auszuklammern ist.

5. Vereinbarungsmöglichkeiten

89 Auch bei den Erfolgshonorarvereinbarungen nach § 4a Abs. 1 Nr. 3 RVG greift die Regelung des § 4a Abs. 2, so dass auch bei diesen Vereinbarungen nur dann vereinbart werden darf, dass für den Fall des Misserfolgs keine oder eine geringere als die gesetzliche Vergütung zu zahlen ist, wenn für den Erfolgsfall ein angemessener Zuschlag auf die gesetzliche Vergütung vereinbart wird. Insoweit gelten die Ausführungen oben unter → Rn. 14 entsprechend.

III. Vereinbarungsbestandteile

1. Zwingende Vereinbarungsbestandteile

90 Die zwingenden Vereinbarungsbestandteile Höhe und Bedingungen des Erfolgshonorars (§ 4a Abs. 3 Nr. 1), der Hinweis auf den Umfang der Kostenerstattungspflicht (§ 4a Abs. 3 Nr. 2) und die Einschätzung der Erfolgsaussicht (§ 4a Abs. 3 Nr. 3 RVG) gelten auch bei den Erfolgshonorarvereinbarungen nach § 4a Abs. 1 S. 1 Nr. 3 RVG. Auf die Ausführungen oben unter → Rn. 22 ff. wird verwiesen.

176 Siehe hierzu näher Gerold/Schmidt/*Mayer* RVG § 4a Rn. 8a.

2. Voraussichtliche gesetzliche und gegebenenfalls erfolgsunabhängige vertragliche Vergütung

Bislang galt nach § 4a Abs. 2 Nr. 1 RVG aF für jede Vereinbarung einer erfolgsbasierten Vergütung, dass die Vereinbarung die voraussichtliche gesetzliche Vergütung und gegebenenfalls die erfolgsunabhängige vertragliche Vergütung, zu der der Rechtsanwalt bereit wäre, den Auftrag zu übernehmen, enthalten muss. Die Neuregelung übernimmt die bisherigen Regelung aus § 4a Abs. 2 Nr. 1 und stellt sie nunmehr in § 4a Abs. 3 Nr. 4 ein, allerdings soll die Bestimmung anders als die in § 4a Abs. 3 Nr. 1–3 aufgeführten zwingenden Vergütungsbestandteile nur auf die Erfolgshonorarvereinbarung nach § 4a Abs. 1 S. 1 Nr. 3 und nicht auch auf die in § 4a Abs. 1 S. 1 Nr. 1 und 2 genannten Fälle anwendbar sein.[177] Der Gesetzgeber begründet dies damit, dass die Regelung des bisherigen § 4a Abs. 2 Nr. 1 RVG aF von der Rechtsanwaltschaft als sehr aufwendig kritisiert worden sei, wobei auch darauf hingewiesen werde, dass die entstehende Vergütung oft nur schwer zu bestimmen sei, da häufig nicht hinreichend abgeschätzt werden könne, wie ein Verfahren im Einzelnen verlaufen werde. Schließlich werde geltend gemacht, dass die Vorgabe im Nachhinein zum Streit darüber führen könne, ob die Darlegungen in der Vereinbarung ausreichend waren.[178] Deshalb will der Gesetzgeber für die beiden neuen Gruppen des Erfolgshonorars, die zum Ziel haben, dass Erfolgshonorare künftig einfacher vereinbart werden können, die Vorschrift nicht übernehmen.[179] 91

Ein weiterer Gesichtspunkt für den Gesetzgeber, die bisherige Regelung in § 4a Abs. 2 Nr. 1 RVG aF nur für einen Teil der erfolgsbasierten Vergütungsvereinbarungen zu übernehmen, war das Ziel, künftig eine möglichst weitgehende Kohärenz zwischen den Vorgaben für die Rechtsanwaltschaft und denen für Inkassodienstleister herzustellen, da das RDG keine entsprechende Verpflichtungen enthalte.[180] Des Weiteren war der Gesetzgeber der Auffassung, dass die in Rede stehende Regelung in Bezug auf den Fall des § 4a Abs. 1 S. 1 Nr. 1 RVG entbehrlich erscheine, weil die gesetzliche Vergütung zum einen nicht übermäßig hoch sei und zum anderen deren Höhe für die Entscheidung der Mandanten, eine erfolgsbasierte Vergütung zu vereinbaren, häufig keine wesentliche Bedeutung habe.[181] In diesen Fällen werde die Entscheidung vielmehr regelmäßig davon abhängen, ob die erfolgsbasierte Vergütung ihren Vorstellungen entspreche.[182] Im Fall des § 4a Abs. 1 92

177 BT-Drs. 19/27673, 38.
178 BT-Drs. 19/27673, 38.
179 BT-Drs. 19/27673, 38.
180 BT-Drs. 19/27673, 38.
181 BT-Drs. 19/27673, 38.
182 BT-Drs. 19/27673, 38.

Nr. 2 RVG ist nach Auffassung des Gesetzgebers zu berücksichtigen, dass in außergerichtlichen Angelegenheiten die Vergütung ohnehin weitgehend frei vereinbart werden könne und der gesetzlichen Vergütung in diesem Zusammenhang keine wesentliche Bedeutung zukomme.[183]

93 Bei Vergütungsvereinbarungen nach § 4a Abs. 1 S. 1 Nr. 3 RVG hält der Gesetzgeber demgegenüber an der bisherigen Regelung fest, in diesen Fällen handele es sich um die gerichtliche Vertretung in Angelegenheiten mit einem höheren Streitwert und demzufolge in bedeutenderen Verfahren, in denen es angemessen erscheine, dem Auftraggeber wie bisher die Alternativen zur erfolgsbasierten Vergütung zu verdeutlichen.[184]

94 Die bisherigen Kritikpunkte an der Regelung bleiben daher bestehen. Sie wirft zunächst erhebliche praktische Probleme auf. Die voraussichtliche gesetzliche Vergütung ist bei Mandatsannahme vielfach nicht absehbar. Häufig hängt die Höhe der gesetzlichen Vergütung von der späteren Streitwertfestsetzung ab, wobei ein erheblicher Ermessensspielraum vielfach zu verzeichnen ist. Auch unterschiedliche Verfahrensentwicklungen wie beispielsweise Widerklage, Hilfsaufrechnung usw führen dazu, dass die voraussichtliche gesetzliche Vergütung eines Mandates in vielen Fällen zu einem frühen Zeitpunkt kaum absehbar ist.[185] Richtig ist, dass die „voraussichtliche" gesetzliche Vergütung aufzuführen ist. Die in diesem Zusammenhang vertretene Auffassung, in Anlehnung an die für Rahmengebühren geltende Toleranzgrenze dürfte eine Abweichung von bis zu 20 % in jedem Fall zu akzeptieren sein,[186] dürfte jedoch zu streng sein.[187]

95 Weiterhin strittig dürfte auch die Frage bleiben, wie ausführlich die voraussichtliche gesetzliche Vergütung in den erfolgsbezogenen Vergütungsvereinbarungen dargestellt werden muss. Teilweise wird verlangt, dass die Vergütungsvereinbarung eine komplette Kostenrechnung nach dem RVG inklusive Umsatzsteuer enthält.[188] In die gleiche Richtung geht die Auffassung, dass im Wege einer „Modellrechnung" im Rahmen der Vergütungsvereinbarung die voraussichtliche gesetzliche Vergütung der erfolgsabhängigen vertraglichen Vergütung gegenüberzustellen ist.[189] Nach anderer richtiger Auffassung genügt jedoch die Benennung einer Gesamtsumme.[190] Die Darstellung der voraussichtlichen gesetzlichen Vergütung in Form einer kompletten Kosten-

183 BT-Drs. 19/27673, 38.
184 BT-Drs. 19/27673, 38.
185 *Hansens* ZAP 2008, 1125 ff. (1128); Gerold/Schmidt/*Mayer* RVG § 4a Rn. 28.
186 Schneider/Volpert/*N. Schneider* RVG § 4a Rn. 33.
187 Gerold/Schmidt/*Mayer* RVG § 4a Rn. 29.
188 *Römermann* in BB-Spezial 2008, 23 ff. (27).
189 AG Gengenbach NJW-RR 2013, 1332 = AGS 2013, 272; Anm. *Mayer* FD-RVG 2013, 350304.
190 *Kilian* NJW 2008, 1905 ff., 1908.

rechnung mag zwar kein zwingendes Erfordernis nach § 4a Abs. 3 Nr. 4 sein, gleichwohl kann es sich im Einzelfall durchaus empfehlen, die voraussichtliche gesetzliche Vergütung nicht lediglich in Form eines Gesamtbetrages mitzuteilen, sondern auch darzustellen, wie dieser Gesamtbetrag ermittelt wurde.[191] Denn ob die gesetzliche Vergütung, die zum Zeitpunkt der Mandatsannahme vorhergesehen werden konnte, zutreffend gegenüber den Mandanten angegeben wurde, dürfte sich leichter im Streitfall plausibel darlegen lassen, wenn die einzelnen Berechnungsschritte festgehalten worden sind.[192] Bezweifelt muss hingegen werden, ob es ausreicht, in diesem Zusammenhang die Hinweispflicht auf die voraussichtliche gesetzliche Vergütung auf ein oder mehrere Beispielsfälle zu beschränken.[193] Denn wenn der mitgeteilte Betrag der rechtsuchenden Person eine tragfähige Entscheidung ermöglichen soll, ob sie den Zuschlag für den Erfolgsfall bei einer erfolgsbezogene Vergütungsvereinbarung akzeptieren möchte, muss zumindest eine eindeutige Aussage darüber getroffen werden, wie hoch die gesetzliche Vergütung im konkreten Fall ist.[194] Zu weitgehend dürfte jedoch die Empfehlung gehen, in der Erfolgshonorarvereinbarung „alle auch nur denkbaren Vergütungstatbestände“ zu beziffern und in der Vergleichsberechnung darzustellen, dass diese von dem derzeitigen Gegenstandswert abhängig, Erhöhungen aber bei Veränderung des Streitwerts unumgänglich sind.[195] Erforderlich aber auch ausreichend ist eine realistische Berechnung auf der Basis der zum Beurteilungszeitpunkt bekannten Umstände.[196]

Neben der voraussichtlichen gesetzlichen Vergütung muss gegebenenfalls die erfolgsunabhängige vertragliche Vergütung angegeben werden, zu der der Rechtsanwalt bereit wäre, den Auftrag zu übernehmen. Entscheidend ist dabei die Üblichkeit der eigenen Vergütung aus Sicht des betreffenden Rechtsanwalts.[197]

IV. Sonstige Formvorschriften

Auch für die Vergütungsvereinbarung nach § 4a Abs. 1 S. 1 Nr. 3 RVG gelten die formellen Anforderungen an eine Vergütungsvereinbarung generell. Insoweit kann auf die Ausführungen oben unter → Rn. 33 ff. verwiesen werden. 96

191 Gerold/Schmidt/*Mayer* RVG § 4a Rn. 30.
192 Gerold/Schmidt/*Mayer* RVG § 4a Rn. 30.
193 So aber Mayer/Kroiß/*Winkler/Teubel* RVG § 4a Rn. 46.
194 Gerold/Schmidt/*Mayer* RVG § 4a Rn. 30.
195 Hartung/Schons/Enders/*Schons* RVG § 4a Rn. 67.
196 Gerold/Schmidt/*Mayer* RVG § 4a Rn. 31.
197 Gerold/Schmidt/*Mayer* RVG § 4a Rn. 32; Schneider/Volpert/N. *Schneider* RVG § 4a Rn. 34.

V. Muster

1. No win – no fee-Vereinbarung – Grundform – (Baugenehmigung für die Bebauung eines Grundstücks mit einem Einfamilienhaus)

97 Zwischen Herrn/Frau ... (Name), ... (Straße), ... (Postleitzahl) ... (Ort)

– im Folgenden „Mandant/Mandantin“ genannt –

und Rechtsanwalt ... (Name), ... (Straße), ... (Postleitzahl) ... (Ort)

– im Folgenden „Rechtsanwalt“ genannt –

wird folgende Vereinbarung über eine erfolgsbasierte Vergütung geschlossen:

§ 1

Der Mandant/die Mandantin beauftragt den Rechtsanwalt mit der außergerichtlichen und gegebenenfalls gerichtlichen Durchsetzung seines/ihres Anspruchs gegen die Stadt ... auf Erteilung einer Baugenehmigung für die Bebauung des Grundstücks ... Flurstück-Nummer ... mit einem Einfamilienwohnhaus.

§ 2

Der Rechtsanwalt soll für den Mandanten/die Mandantin auf der Basis eines Erfolgshonorars nach § 4a Abs. 1 S. 1 Nr. 3 tätig werden. Unter Erfolg verstehen die Parteien, dass dem Mandanten/der Mandantin eine Baugenehmigung für die Bebauung des Grundstücks ..., Flurstück-Nummer ... mit einem Einfamilienwohnhauses nach Maßgabe der Bauantragsunterlagen, Aktenzeichen ... erteilt wird.

§ 3

Der Mandant/die Mandantin verpflichtet sich, an den Rechtsanwalt im Falle der Erteilung der Baugenehmigung im Verwaltungs- oder im Widerspruchsverfahren eine Vergütung iHv 7.200 EUR zzgl. Umsatzsteuer in Höhe von 1.368 EUR, also insgesamt 8.568 EUR zu bezahlen. Im Misserfolgsfall schuldet der Mandant/die Mandantin dem Rechtsanwalt keinerlei Vergütung. Der Mandant/die Mandantin verpflichtet sich weiter, an den Rechtsanwalt im Erfolgsfall eine Vergütung in Höhe von 14.000 EUR zzgl. Umsatzsteuer in Höhe von 2.660 EUR, also insgesamt 16.660 EUR zu bezahlen, wenn die beantragte Baugenehmigung dem Mandanten/der Mandantin erst im Zuge des erstinstanzlichen gerichtlichen Verfahrens erteilt wird.

Im Misserfolgsfall schuldet der Mandant/die Mandantin dem Rechtsanwalt keinerlei Anwaltsgebühren.

§ 4

Bei der Beurteilung der Zulässigkeit eines Erfolgshonorars nach § 4a Abs. S. 1 Nr. 3 RVG gehen die Parteien im vorliegenden Fall von folgenden Umständen aus: Der Rechtsanwalt wird nur im Einzelfall auf Erfolgshonorarbasis tätig. Für den Mandanten/die Mandantin handelt es sich ebenfalls um einen Einzelfall.

Der Mandant/die Mandantin würde bei verständiger Betrachtung ohne die Vereinbarung eines Erfolgshonorars im Sinne von § 4a Abs. 1 S. 1 Nr. 3 RVG von der Rechtsverfolgung abgehalten werden. Denn die Anwaltskosten sind im Verhältnis zu den übrigen anfallenden Kosten bei der außergerichtlichen oder gerichtlichen Durchsetzung des Anspruchs auf Erteilung einer Baugenehmigung bei weitem der größte Kostenblock. Im Verwaltungs- und im Widerspruchsverfahren fallen lediglich die Kosten des Verwaltungsverfahrens und die

Kosten für den Widerspruchsbescheid an, auch im gerichtlichen Verfahren fallen lediglich die Gerichtskosten an und voraussichtlich nur geringe Kosten der Beklagten, da diese sich regelmäßig in derartigen Verfahren vor dem Verwaltungsgericht selbst vertritt. Da der Anspruch auf Erteilung einer Baugenehmigung durch eine Rechtsschutzversicherung nicht versicherbar war, will die Mandantin/der Mandanten nur dann eine rechtliche Klärung herbeiführen, wenn sie/er nicht auch noch in Misserfolgsfall mit Anwaltskosten belastet wird.

§ 5

Die voraussichtliche gesetzliche Vergütung im Sinne von § 4a Abs. 3 Nr. 4 RVG im Verwaltungsverfahren und im Nachprüfungsverfahren beträgt ca. 1.650 EUR netto zzgl. Umsatzsteuer iHv 313,50 EUR, also insgesamt 1.963,50 EUR. Die gesetzliche Vergütung im erstinstanzlichen verwaltungsprozessualen Verfahren beträgt unter Berücksichtigung der Anrechnung der Geschäftsgebühr rund 1.600 EUR zzgl. Umsatzsteuer iHv 304 EUR, also insgesamt 1.904 EUR. Die Parteien sind dabei von einem Streitwert von 20.000 EUR ausgegangen und haben sich dabei an den Empfehlungen des Streitwertkatalogs für die Verwaltungsgerichtsbarkeit 2013 orientiert. Der Rechtsanwalt weist ausdrücklich darauf hin, dass die Streitwertfestsetzung durch das Gericht erfolgt und dass dieses durchaus einen anderen Streitwert festsetzen könnte.

§ 6

Bestimmend für die Bemessung des Erfolgshonorars im Sinne von § 4a Abs. 3 Nr. 3 RVG ist für die Vertragsparteien die Erwägung, dass die Durchsetzbarkeit eines Anspruchs auf Erteilung der beantragten Baugenehmigung entscheidend davon abgedrängt, ob das Baugrundstück dem Innen- oder Außenbereich zugeordnet wird. Aufgrund der Tatsache, dass bislang lediglich ein lockerer Bebauungszusammenhang gegeben ist, gehen die Parteien davon aus, dass allenfalls eine Erfolgswahrscheinlichkeit von 25 % besteht, dass sich die Auffassung durchsetzt, dass das Baugrundstück dem Innenbereich zu zuordnen ist, so dass das Bauvorhaben nach § 34 BauGB zu beurteilen und dem Mandanten/der Mandantin die beantragte Baugenehmigung zu erteilen ist.

§ 7

Die vorstehende Erfolgshonorarvereinbarung hat keinen Einfluss auf die von dem Mandanten/von der Mandantin zu zahlenden Gerichtskosten, Verwaltungskosten und die von ihm/ihr zu erstattenden Kosten anderer Beteiligter.

Auf eine nähere Berechnung dieser Kosten verzichtet der Mandant/die Mandantin.

§ 8

In Falle der Kostenerstattung hat die gegnerische Partei, ein Verfahrensbeteiligter oder die Staatskasse regelmäßig nicht mehr als die gesetzliche Vergütung zu erstatten. Die verbleibende Differenz trägt der Mandant/Mandantin.

Ort, Datum ... ...
Rechtsanwalt
Ort, Datum ... ...
Mandant/Mandantin

2. No win – less fee-Vereinbarung für das gerichtliche Verfahren

98 Zwischen Herrn/Frau ... (Name), ... (Straße), ... (Postleitzahl) ... (Ort)

– im Folgenden „Mandant/Mandantin" genannt –

und Rechtsanwalt ... (Name), ... (Straße), ... (Postleitzahl) ... (Ort)

– im Folgenden „Rechtsanwalt" genannt –

wird folgende Vereinbarung über eine erfolgsbasierte Vergütung geschlossen:

§ 1

Der Mandant/die Mandantin beauftragt den Rechtsanwalt mit der gerichtlichen Geltendmachung seines/ihres Pflichtteilsanspruchs gegen ... aufgrund des Erbfalles ... vom ... in ...

§ 2

Der Rechtsanwalt soll für den Mandanten/die Mandantin auf der Basis eines Erfolgshonorars im Sinne von § 4a Abs. 1 S. 1 Nr. 3 RVG tätig werden. Unter Erfolg verstehen die Parteien, dass das gerichtliche Verfahren zu einem Zahlungsanspruch in Höhe von mindestens 700.000 EUR führt, gleich ob durch Urteil oder durch Vergleich. Sollte der Betrag nicht betreibbar sein oder sollte ein niedriger Betrag als 700.000 EUR oder kein Pflichtteilsbetrag im gerichtlichen Verfahren zugesprochen werden oder ein Vergleich mit einem entsprechenden Inhalt geschlossen werden, gehen die Parteien von einem Misserfolg aus.

§ 3

Der Mandant/die Mandantin verpflichtet sich, an den Rechtsanwalt im Erfolgsfall eine Vergütung in Höhe des 1,5-fachen der gesetzlichen Gebühren zu bezahlen. Im Misserfolgsfall hingegen schuldet er/sie lediglich die Hälfte der gesetzlichen Gebühren.

Für die Beurteilung der Zulässigkeit eines Erfolgshonorars nach § 4a Abs. 1 S. 1 Nr. 3 RVG gehen die Parteien im vorliegenden Fall von folgenden Umständen aus.

Der Rechtsanwalt wird nur im Einzelfall auf Erfolgshonorarbasis tätig. Für den Mandanten/die Mandantin handelt es sich ebenfalls um einen Einzelfall, da es sich mit dem Todesfall vom ... um ein singuläres familiäres Ereignis handelt. Ohne Vereinbarung eines Erfolgshonorars wäre der Mandant/die Mandantin bei verständiger Betrachtung im Sinne von § 4a Abs. 1 S. 1 Nr. 3 RVG von der Rechtsverfolgung abgehalten. Denn die beabsichtigte Rechtsverfolgung ist vom Deckungsumfang einer Rechtschutzversicherung nicht umfasst. In Anbetracht der offenen Erfolgsaussichten möchte der Mandant/die Mandantin nicht noch im Misserfolgsfall zusätzlich mit den Anwaltsgebühren in Höhe der gesetzlichen Gebühren belastet werden.

§ 4

Die voraussichtliche gesetzliche Vergütung im Sinne von § 4a Abs. 3 Nr. 4 RVG beträgt ca. 10.517,50 EUR zzgl. Mehrwertsteuer, also insgesamt 12.515,83 EUR. Dabei sind die Parteien von einem Streitwert von 700.000 EUR ausgegangen, zugrunde gelegt wurde lediglich die Verfahrens- und die Terminsgebühr nicht jedoch eine eventuelle Einigungsgebühr. Auch etwaige Streitwerterhöhungen durch Widerklage und Hilfsaufrechnungen sind dabei nicht berücksichtigt.

§ 5

Bestimmend für die Bemessung des Erfolgshonorars im Sinne von § 4a Abs. 3 Nr. 3 RVG ist für die Vertragsparteien die Erwägung, dass die Höhe eines Pflichtteilsanspruchs des Mandanten/der Mandantin entscheidend von der Bewertung der Grundstücke in ..., Flurstück-Nummer ... und Flurstück-Nummer ... abhängt. Aufgrund der beiden vorliegenden Einschätzungen gehen die Parteien davon aus, dass eine Erfolgswahrscheinlichkeit von 50 % besteht, dass sich im Rechtsstreit die für den Mandanten/die Mandantin günstigeren Bewertung der Grundstücke als Bauland und nicht als Ackerland durchsetzen wird.

§ 6

Die vorstehende Erfolgshonorarvereinbarung hat keinen Einfluss auf die von dem Mandanten/von der Mandantin gegebenenfalls zu zahlenden Gerichtskosten, Verwaltungskosten oder die von ihm/ihr zu erstattenden Kosten anderer Beteiligter.

Auf eine nähere Berechnung dieser Kosten verzichtet der Mandant/die Mandantin.

§ 7

Im Falle der Kostenerstattung hat die gegnerische Partei, ein Verfahrensbeteiligter oder die Staatskasse regelmäßig nicht mehr als die gesetzliche Vergütung zu erstatten. Die verbleibende Differenz trägt der Mandant/die Mandantin.

Ort, Datum ... ...
Rechtsanwalt
Ort, Datum ... ...
Mandant/Mandantin

D. Sonstige Änderungen für Vergütungsvereinbarungen durch das Gesetz zur Förderung verbrauchergerechter Angebote im Rechtsdienstleistungsmarkt

I. Änderungen in § 3a RVG

Die bisherige Regelung in § 4 Abs. 3 RVG aF, wonach in einer Vergütungsvereinbarung es dem Vorstand der Rechtsanwaltskammer überlassen werden kann, die Vergütung nach billigem Ermessen festzusetzen, und in der weiter bestimmt wurde, dass gesetzliche Vergütung als vereinbart gilt, wenn die Festsetzung der Vergütung dem Ermessen eines Vertragsteils überlassen bleibt, wird nunmehr in § 3a Abs. 2 überführt. Denn systematisch handle es sich bei § 4 Abs. 3 RVG aF um eine Regelung zu den inhaltlichen Möglichkeiten und Folgen von Vergütungsvereinbarungen im Sinne des § 3a RVG.[198] Die bisherigen Absätze 2 und 3 des § 3a wurden in der Folge zu den Absätzen 3 und 4 und die Verweisungen im neuen Abs. 3 auf den bisherigen § 4 Abs. 3 RVG aF dahin gehend angepasst, dass sie künftig § 3a Abs. 2 in Bezug nehmen. Inhaltliche Veränderungen waren mit der Verschiebung des § 4 Abs. 3 RVG aF in § 3a Abs. 2 RVG nicht verbunden.[199] 99

II. Änderungen in § 4 RVG

1. Allgemeines

§ 4 RVG aF war mit „erfolgsunabhängige Vergütung“ überschrieben. § 4 RVG in der durch das Gesetz zur Förderung verbrauchergerechter Angebote im Rechtsdienstleistungsmarkt geänderten Fassung enthält Ausnahmen vom Unterschreitungsverbot nach § 49b Abs. 1 BRAO, mithin Fälle, in denen ausnahmsweise eine geringere als die gesetzliche Vergütung vereinbart werden darf. Deshalb wurde die Überschrift nunmehr angepasst in „Unterschreitung der gesetzlichen Vergütung“.[200] 100

2. Die Regelung im Einzelnen

§ 4 Abs. 1 S. 1 RVG bestimmt weiterhin, dass in außergerichtlichen Angelegenheiten eine niedrigere als die gesetzliche Vergütung vereinbart werden kann. Auch gilt nach § 4 Abs. 1 S. 2 weiterhin, dass diese Vergütung in einem angemessenen Verhältnis zu Leistung, Verantwortung und Haftungsrisiko des Rechtsanwalts stehen muss. Allerdings nimmt § 4 Abs. 1 S. 3 eine Erweiterung vor zur Vorgängerregelung und bestimmt nunmehr, dass 101

198 BT-Drs. 19/27673, 31.
199 BT-Drs. 19/27673, 31.
200 BT-Drs. 19/27673, 32.

nicht nur dann, wenn die Voraussetzungen von Bewilligung von Beratungshilfe vorliegen, sondern auch dann, wenn Gegenstand der außergerichtlichen Angelegenheit eine Inkassodienstleistung (§ 2 Abs. 2 S. 1 RDG) ist, § 4 Abs. 1 S. 2 nicht gilt und der Rechtsanwalt ganz auf eine Vergütung verzichten kann. Denn § 4 Abs. 1 S. 3 RVG erlaubte es Rechtsanwältinnen und Rechtsanwälten bisher nur bei Vorliegen der Voraussetzungen für die Gewährung von Beratungshilfe, in Fällen außergerichtlicher Vertretung ganz auf eine Vergütung zu verzichten. Die Neufassung sieht eine Ausweitung dieser Möglichkeit vor, wenn Rechtsanwältinnen und Rechtsanwälte Inkassodienstleistungen im Sinne des § 2 Abs. 2 S. 1 RDG gleich einem registrierten Inkassodienstleister erbringen. In beiden Fällen soll künftig die Vereinbarung der Vergütung nicht mehr in einem angemessenen Verhältnis zu Leistung, Verantwortung und Haftungsrisiko der Rechtsanwältin oder des Rechtsanwalts stehen müssen, wie dies § 4 Abs. 1 S. 2 RVG grundsätzlich vorsehe.[201] Nunmehr kann ohne Angemessenheitsprüfung eine geringere Vergütung vereinbart oder vollständig auf eine Vergütung verzichtet werden.[202] Maßgeblicher Anlass für die Änderung war für den Gesetzgeber die europarechtlich gebotene Herbeiführung einer Kohärenz zu den für Inkassodienstleistern geltenden Regelungen.[203] Die Änderung erschien dem Gesetzgeber auch unabhängig davon inhaltlich sachgerecht. Wie sich schon aus der früheren Regelung in § 4 Abs. 2 RVG aF und den Gesetzesmotiven dazu ergebe, bestünden bei Inkassodienstleistungen häufig ganz andere Arbeitsabläufe als bei anderen anwaltlichen Tätigkeiten. Vielfach würden die für die Bearbeitung erforderlichen Angaben der Rechtsanwaltschaft bereits systematisiert und heutzutage zudem automatisiert übermittelt, so dass deren Arbeitsaufwand zum Teil sehr gering sei. Zudem handele es sich häufig um Massengeschäfte. In solchen Fällen sei sachgerecht, dass andere Vergütungsstrukturen greifen könnten als bei einer sonst zumeist üblichen Einzelfallbearbeitung. Hinzu komme das zur Bearbeitung von Inkassodienstleistungen in der Regel geringere erforderliche Fachwissen.[204]

102 Soweit die Voraussetzungen des § 4 Abs. 1 S. 3 RVG nicht vorliegen, gilt, dass in außergerichtlichen Angelegenheiten abweichend von § 49b Abs. 1 BRAO die Vereinbarung einer geringeren Vergütung in außergerichtlichen Angelegenheiten nur unter den Voraussetzungen der Angemessenheit nach § 4 Abs. 1 S. 2 RVG erfolgen dürfen. Durch die Regelung wollte der Gesetzgeber lediglich einen kohärenten Gleichlauf zu den registrierten Inkassodienstleistungen in ihrem Tätigkeitsbereich eröffneten Möglichkeiten der

201 BT-Drs. 19/27673, 32.
202 BT-Drs. 19/27673, 32.
203 BT-Drs. 19/27673, 32.
204 BT-Drs. 19/27673, 32.

Vereinbarung von Vergütungen in außergerichtlichen Angelegenheiten herstellen.[205]

Im Übrigen ist auch weiterhin zum Schutz der Unabhängigkeit und Integrität der Rechtspflege durch Rechtsanwältinnen und Rechtsanwälten ein Abweichen vom Unterschreitungsverbot des § 49b Abs. 1 BRAO im außergerichtlichen Bereich nur dann erlaubt, wenn die beabsichtigte Vergütung noch in einem angemessenen Verhältnis zu Leistung, Verantwortung und Haftungsrisiko der Rechtsanwältin oder des Rechtsanwalts steht.[206] Dies sei insbesondere zum Erhalt der hohen Qualität der von Rechtsanwältinnen und Rechtsanwälten gerade auch in sensiblen Bereichen wie zB dem Familienrecht erbrachten Rechtsdienstleistungen und für die Funktionsfähigkeit der Rechtspflege erforderlich. Rechtsanwältinnen und Rechtsanwälten müsse es möglich sein, jederzeit hochwertige Arbeit zu erbringen. Im Unterschied zu registrierten Inkassodienstleistungen, die nur in einem rechtlich weniger anspruchsvollen Teilbereich des Rechts außergerichtlich tätig werden dürften, seien Rechtsanwältinnen und Rechtsanwälte nach § 3 Abs. 1 BRAO Vertreterinnen und Vertreter in allen Rechtsangelegenheiten. Sie seien nach § 1 BRAO unabhängige Organe der Rechtspflege. Die Funktion und Tätigkeit von registrierten Inkassodienstleistungen und Rechtsanwältinnen und Rechtsanwälten seien daher grundlegend unterschiedlich und beträfen unterschiedliche Märkte.[207] 103

Überdies bestehe zwischen Rechtsanwältinnen und Rechtsanwälten sowie Rechtsuchenden in den außerhalb von Inkassodienstleistungen liegenden Rechtsbereichen ein größeres Informationsgefälle, als dies dort der Fall sei. Rechtsanwältinnen und Rechtsanwälte verfügten über ein hohes Maß an Fachkenntnissen, das bei den Rechtsuchenden regelmäßig nicht gegeben sei. Die Rechtsuchenden könnten daher die Qualität der Dienstleistungen und damit im Ergebnis auch die Angemessenheit einer vereinbarten Vergütung nur schwer beurteilen. Durch die verbleibenden Vorgaben für die zulässige Gebührenhöhe werde dieses Informationsdefizit der Rechtsuchenden effektiv ausgeglichen.[208] Anderweitige berufsrechtliche Regelungen, die alleine nicht geeignet wären, die vorstehenden Schutzzwecke ausreichend zu gewährleisten, würden durch die verbleibenden Vorgaben über die zulässige Gebührenhöhe effektiv unterstützt.[209]

205 BT-Drs. 19/27673, 32.
206 BT-Drs. 19/27673, 32.
207 BT-Drs. 19/27673, 32.
208 BT-Drs. 19/27673, 33.
209 BT-Drs. 19/27673, 33.

3. Inkassodienstleistung in einem der in § 79 Abs. 2 S. 2 Nr. 4 ZPO genannten Verfahren

104 Die Regelung in § 4 Abs. 2 bestimmt nunmehr, dass auch dann, wenn Gegenstand der Angelegenheit eine Inkassodienstleistung in einem der in § 79 Abs. 2 S. 2 Nr. 4 ZPO genannten Verfahren ist, eine niedrigere als die gesetzliche Vergütung vereinbart werden kann oder der Rechtsanwalt ganz auf eine Vergütung verzichten kann. Durch diese Regelung will der Gesetzgeber Rechtsanwältinnen und Rechtsanwälten gestatten, bei Inkassotätigkeiten in den in § 79 Abs. 2 S. 2 Nr. 4 ZPO genannten Verfahren, in denen registrierte Inkassodienstleister tätig werden dürfen, ebenfalls eine niedrigere als die gesetzliche Vergütung zu vereinbaren.[210] Die Regelung diene ebenfalls der kohärenten Angleichung der Möglichkeiten von Vergütungsvereinbarungen von registrieren Inkassodienstleistern und der Anwaltschaft im Bereich der Inkassodienstleistungen, die Höhe der Vergütung soll daher auch hier nicht von einer Angemessenheitsprüfung anhängig sein.[211]

105 Im Übrigen will der Gesetzgeber jedoch in gerichtlichen Angelegenheiten außerhalb der Fälle des § 79 Abs. 2 S. 2 Nr. 4 ZPO das Unterschreitungsverbot des § 49b Abs. 1 BRAO erhalten. Dies sei insbesondere zur Gewährleistung eines gleichen Zugangs zum Recht und zu den Gerichten sowie zur Wahrung der Unabhängigkeit und Integrität der Rechtspflege durch Rechtsanwältinnen und Rechtsanwälte erforderlich.[212]

Die bisher durch § 4 Abs. 2 RVG aF zugelassene Möglichkeit zu vereinbaren, dass die Rechtsanwältin oder der Rechtsanwalt in Mahnverfahren und bestimmten Vollstreckungsverfahren einen Teil des Erstattungsanspruchs an Erfüllungs statt annehmen werde, wenn der Anspruch des Auftraggebers auf Erstattung der gesetzlichen Vergütung nicht beigetrieben werden kann, bleibt auch nach der Neufassung von § 4 Abs. 2 RVG erlaubt. Bei § 4 Abs. 2 RVG aF handle es sich um eine Ausnahme vom generellen Unterscheidungsverbot des § 49b Abs. 1 BRAO. Da § 4 Abs. 2 RVG für die Fälle des § 79 Abs. 2 S. 2 Nr. 4 ZPO grundsätzlich die Vereinbarung einer niedrigeren als der gesetzlichen Vergütung zulässt, seien hiervon auch die bisher von § 4 Abs. 2 aF erfassten Fälle umfasst.[213]

Soweit Vereinbarungen im Sinne des § 4 Abs. 2 RVG aF inhaltlich möglicherweise auch als Vereinbarung eines Erfolgshonorars angesehen werden könnten, steht dies nach Auffassung des Gesetzgebers in Anbetracht der in § 4a Abs. 1 S. 1 Nr. 2 RVG bei Inkassodienstleistungen eröffneten weiterge-

210 BT-Drs. 19/27673, 33.
211 BT-Drs. 19/27673, 33.
212 BT-Drs. 19/27673, 33.
213 BT-Drs. 19/27673, 33.

henden Möglichkeiten zur Vereinbarung eines Erfolgshonorars in den Fällen des § 79 Abs. 2 S. 2 Nr. 4 ZPO einer solchen Vereinbarung nicht entgegen.

E. Herabsetzung bei unangemessen hohen Erfolgshonorarvereinbarungen

I. Grundsätzliches

Nicht nur eine „normale" Vergütungsvereinbarung oder eine nach § 3a Abs. 2 S. 1 vom Vorstand der Rechtsanwaltskammer festgesetzte Vergütung, sondern auch eine nach § 4a RVG für den Erfolgsfall vereinbarte Vergütung kann im Rechtsstreit auf den angemessenen Betrag bis zur Höhe der gesetzlichen Vergütung herabgesetzt werden, § 3a Abs. 3 S. 1 RVG. Vor der Herabsetzung hat das Gericht nach § 3a Abs. 3 S. 2 ein Gutachten des Vorstands der Rechtsanwaltskammer einzuholen, nach § 3a Abs. 3 S. 3 ist das Gutachten kostenlos zu erstatten. 106

II. Abdingbarkeit

Das richterliche Moderationsrecht, das in die Vertragsbeziehung zwischen Anwalt und Mandant eingreift, kann in einer Vergütungsvereinbarung weder durch eine entsprechende allgemeine Geschäftsbedingung noch individualvertraglich abbedungen werden.[214] 107

III. Zuständigkeit

Zuständig für die Herabsetzung ist das Gericht. Voraussetzung ist also ein Rechtsstreit über die Vergütung.[215] 108

Verfahrensrechtlich sind verschiedene Konstellationen möglich: 109

- Klagt der Anwalt auf Zahlung seiner Vergütung, kann die Herabsetzung auf die Einwendung des Auftraggebers erfolgen, die vereinbarte oder festgesetzte Vergütung sei zu hoch.[216]
- Möglich ist aber auch eine Gestaltungsklage des Auftraggebers, die Herabsetzung des Honorars isoliert durchzusetzen. Er könnte das Gericht anrufen und beantragen, dass die nach seiner Auffassung überhöhte Vergütung auf das angemessene Maß herabgesetzt wird. Ein bezifferter Antrag ist nicht erforderlich.[217]

214 Schneider/Volpert/N. *Schneider* RVG § 3a Rn. 93 mwN.
215 Mayer/Kroiß/*Winkler/Teubel* RVG § 3a Rn. 116.
216 Schneider/Volpert/N. *Schneider* RVG § 3a Rn. 96.
217 Schneider/Volpert/N. *Schneider* RVG § 3a Rn. 96.

- Möglich ist aber auch, dass, wenn der Auftraggeber bereits gezahlt hat, er auf Rückzahlung klagt und inzident die Herabsetzung der Vergütung verlangt.[218]
- Der Auftraggeber kann aber auch im Wege der Stufenklage entsprechend § 254 ZPO vorgehen und zunächst auf der ersten Stufe die Herabsetzung und auf der zweiten die Rückzahlung des danach zu viel gezahlten Betrages verlangen.[219]
- Als zulässig wird auch eine Feststellungsklage mit dem Antrag angesehen, dass ein bestimmtes Honorar angemessen ist und die über einen bestimmten Betrag hinausgehende vereinbarte Vergütung unangemessen hoch ist.[220]
- Schließlich sind auch Hilfsanträge möglich, etwa die Klage auf Rückzahlung des gesamten Honorars wegen Unwirksamkeit der Vereinbarung und hilfsweise die Klage auf Herabsetzung der Vergütung auf einen angemessenen Betrag.[221]

110 Die Einholung eines Gutachtens nach § 3a Abs. 3 S. 2 RVG ist nicht in jedem Streitfall über die Angemessenheit der Vergütung erforderlich, sondern nur dann, wenn das Gericht eine Unangemessenheit in Erwägung zieht und demnach die Gebühr herabzusetzen ist.[222] Beabsichtigt das Gericht, die Vergütungsklage bereits aus anderen Gründen abzuweisen, beispielsweise wegen einer formnichtigen Vereinbarung oder aufgrund von Verjährung, bedarf es keines Gutachtens.[223] Es ist auch entbehrlich, wenn das Gericht die vereinbarte Vergütung bestätigen will.[224] Auch ist es entbehrlich, wenn sich die Parteien vergleichen oder der Anwalt die Herabsetzung anerkennt, vor Erlass eines herabsetzenden Versäumnisurteils muss aber ein Gutachten eingeholt werden.[225]

111 Das Gutachten betrifft eine Rechtsfrage, ist also kein Sachverständigengutachten.[226] Die Mitglieder des Vorstands der Rechtsanwaltskammer, die das Gutachten verfasst haben, können also nicht zur Erläuterung des Gutachtens geladen werden, wohl aber kann das Gericht ein dazu bereites Mitglied des Vorstands der Rechtsanwaltskammer zum Sachverständigen ernennen und

218 Schneider/Volpert/N. *Schneider* RVG § 3a Rn. 96.
219 Schneider/Volpert/N. *Schneider* RVG § 3a Rn. 96.
220 Schneider/Volpert/N. *Schneider* RVG § 3a Rn. 96.
221 Schneider/Volpert/N. *Schneider* RVG § 3a Rn. 96.
222 Mayer/Kroiß/*Winkler/Teubel* RVG § 3a Rn. 117.
223 Schneider/Volpert/N. *Schneider* RVG § 3a Rn. 97.
224 Schneider/Volpert/N. *Schneider* RVG § 3a Rn. 97.
225 Schneider/Volpert/N. *Schneider* RVG § 3a Rn. 97.
226 Mayer/Kroiß/*Winkler/Teubel* RVG § 3a Rn. 118.

dann ihn als Sachverständigen (mit entsprechender Vergütung) anhören.[227] Im Übrigen ist das Gutachten von der Rechtsanwaltskammer kostenlos zu erstatten.[228]

IV. Unangemessen hohe Vergütung

1. Unangemessen hohe vereinbarte Vergütung

Bereits schon für nicht erfolgsbezogene Vergütungsvereinbarungen ist es schwierig, die Grenze zu einer unangemessen hohen Vergütung zu definieren. Denn eine allgemeingültige Definition für den unbestimmten Rechtsbegriff der „unangemessen hohen" Vergütung lässt sich schwer finden. Soweit eine solche Definition versucht wird, bleibt sie notgedrungen so abstrakt, dass sie für den konkreten Anwendungsfall wenig Aussagekraft hat.[229] 112

So wird in diesem Zusammenhang die Auffassung vertreten, die vereinbarte Vergütung müsse, um unangemessen hoch zu sein, die angemessene Vergütung nicht nur gering überschreiten, sondern es müsse zwischen Vergütung und Tätigkeit des Rechtsanwalts ein nicht zu überbrückender Zwiespalt bestehen, es müsse unerträglich sein, den Auftraggeber an der Vergütungsvereinbarung festzuhalten.[230] Nachdem der BGH zunächst für Strafverteidigungen eine allgemein verbindliche Honorargrenze entwickelt hatte, so stellte er sich auf den Standpunkt, dass eine tatsächliche Vermutung dafür spreche, dass eine Vergütung unangemessen hoch ist, wenn ein Rechtsanwalt bei Strafverteidigungen eine Vergütung vereinbart hat, die mehr als das 5-fache über den gesetzlichen Höchstgebühren liegt, wobei die Vermutung zwar durch den Rechtsanwalt entkräftet werden kann, er aber dann ganz ungewöhnliche, geradezu extreme einzelfallbezogene Umstände darlegen muss, die es unmöglich erscheinen lassen, die Vergütung bei Abwägung aller Umstände als nicht unangemessen hoch erscheinen zu lassen,[231] wurde er durch das Bundesverfassungsgericht korrigiert. Nach dem Bundesverfassungsgericht verstößt die Auffassung, wonach bei Strafverteidigungen eine tatsächliche Vermutung für die Unangemessenheit der vereinbarten Vergütung sprechen soll, wenn sie mehr als das 5-fache über den gesetzlichen Höchstgebühren liegt, wobei die Vermutung der Unangemessenheit nur bei ganz ungewöhnlichen, geradezu extremen einzelfallbezogenen Umständen erschüttert werden kann, gegen Verfassungsrecht. Denn sie bedeutet 113

227 Mayer/Kroiß/*Winkler/Teubel* RVG § 3a Rn. 118.
228 Mayer/Kroiß/*Winkler/Teubel* RVG § 3a Rn. 118.
229 Gerold/Schmidt/*Mayer* RVG § 3a Rn. 22.
230 Gerold/Schmidt/*Mayer*, 17. Aufl. 2006, RVG § 4 Rn. 60.
231 BGH NJW 2005, 2142 ff.; kritisch zu dieser Entscheidung auch Anm. *Henke* AGS 2005, 384f.

im Umkehrschluss, dass nach Überschreiten der Vermutungsgrenze in der weit überwiegenden Anzahl der Fälle den Gemeinwohlbelangen pauschal der Vorrang vor der Berufsausübungsfreiheit des Rechtsanwalts eingeräumt wird. Eine solche einseitige Belastung des Rechtsanwalts wäre nach dem Bundesverfassungsgericht allenfalls dann hinzunehmen, wenn sich bei einer Überschreitung der Gebühren um mehr als das 5-fache eine zur Wahrung der maßgeblichen Gemeinwohlbelange korrekturbedürftige Äquivalenzstörung derart aufdrängte, dass tatsächlich nur bei ganz ungewöhnlichen, extrem einzelfallbezogenen Umständen die Vergütungsvereinbarung unangetastet bleiben könnte. Die Überschreitung der gesetzlichen Gebühren um das 5-fache lässt nach dem Bundesverfassungsgericht diesen Schluss aber nicht zu.[232]

114 Der BGH zog aus dieser Entscheidung des Bundesverfassungsgerichts die Konsequenzen und stellt sich nunmehr auf den Standpunkt, dass die aus dem Überschreiten des 5-fachen Satzes der gesetzlichen Gebühren herzuleitende Vermutung der Unangemessenheit eines vereinbarten Verteidigerhonorars durch die Darlegung entkräftet werden kann, dass die vereinbarte Vergütung im konkreten Fall unter Berücksichtigung aller Umstände angemessen ist.[233]

115 In der Folge hat der BGH sich auf den Standpunkt gestellt, dass die in der Rechtsprechung für Honorare von Strafverteidigern aufgestellte Vermutung, dass ein Honorar unangemessen hoch ist, wenn es die gesetzlichen Gebühren um mehr als das 5-fache übersteigt, auch für die Honorare in zivilrechtlichen Streitigkeiten gilt.[234] Denn der Gesetzgeber verfolge das Ziel, Honoraransprüche normativ im Interesse einer Mäßigung zu begrenzen. Die gesetzlichen Gebühren in zivilrechtlichen Streitigkeiten würden ebenfalls einen ersten Orientierungspunkt bieten, so dass es gerechtfertigt sei, die für die Honorare von Strafverteidigern entwickelte Vermutung auch in zivilrechtlichen Angelegenheiten anzuwenden.[235] Nach dem BGH führt die Vermutung dazu, dass der Anwalt darlegen und beweisen muss, dass und in welchem Umfang das vereinbarte Honorar für das konkrete Mandat angemessen ist, dabei seien die Maßstäbe des Marktes nicht der entscheidende Bezugspunkt für die Angemessenheit, vielmehr komme es darauf an, ob die vereinbarte Vergütung unter Berücksichtigung aller Umstände angemessen sei. Insoweit (§ 14 Abs. 1 RVG) kämen die Schwierigkeit und der Umfang der Sache, ihre Bedeutung für den Auftraggeber und das Ziel in Betracht, das der Auftraggeber mit dem Auftrag anstrebe. Zu berücksichtigen sei weiter in welchem

232 BVerfG NJW-RR 2010, 259 mit Anm. *Mayer* FD-RVG 2009, 286204.
233 BGH NJW 2010, 1364 ff. mit Anm. *Mayer* FD-RVG 2010, 300100.
234 BGH NJW-RR 2017, 377 ff. (27).
235 BGH NJW-RR 2017, 377 ff. (27).

Umfang das Ziel des Auftraggebers durch die Tätigkeit des Rechtsanwalts erreicht worden sei, wie weit also das Ergebnis tatsächlich und rechtlich als Erfolg des Rechtsanwalts anzusehen sei, ferner seien die Stellung des Rechtsanwalts und die Vermögensverhältnisse des Auftraggebers in die Bewertung einzubeziehen.[236] Für eine Herabsetzung sei danach nur Raum, wenn es unter Berücksichtigung aller Umstände unerträglich und mit den Grundsätzen des § 242 BGB unvereinbar wäre, den Mandanten an seinen Honorarversprechen festzuhalten.[237]

Auf der Grundlage dieser Rechtsprechung wird folgendes Überprüfungsschema für die Angemessenheit vorgeschlagen:[238] 116

1. Übersteigt das vereinbarte Honorar – wie es im Ergebnis abgerechnet wird – die gesetzliche Vergütung um mehr als das 5-fache, beträgt also mindestens das 6-fache der gesetzlichen Vergütung? Wenn ja gilt:
2. Rechtfertigt der anwaltliche Aufwand die vereinbarte Vergütung? Dazu ist zu prüfen: Ist ein Stundensatz vereinbart?
   - Wenn ja, – ist der Stundensatz angemessen, was je nach besonderen Fachkenntnissen des Anwalts beim Stundensatz von 200–500 EUR der Fall ist.
   - Ist kein Stundensatz, sondern nur eine Pauschale vereinbart, ist ein angemessener Stundensatz zugrunde zu legen, wiederum je nach Kenntnis des Anwaltes zwischen 200 und 500 EUR;
3. Alsdann ist der angemessene Aufwand des Anwalts zu überprüfen (ausgedrückt in Stunden) und dieser Stundenaufwand mit dem angemessenen Stundensatz zu multiplizieren; bei dem angemessenen Aufwand ist von dem vom Anwalt substantiiert dargelegten Aufwand auszugehen. Anzugeben ist,
   - welche Akten und Schriftstücke einer Durchsicht unterzogen wurden,
   - welcher Schriftsatz vorbereitet oder verfasst wurde,
   - zu welcher Rechts- oder Tatfrage welche Literaturrecherchen angestellt wurden.[239]

236 BGH NJW-RR 2017, 377 ff. (28).
237 BGH NJW-RR 2017, 377 ff. (28).
238 Mayer/Kroiß/*Winkler/Teubel* RVG § 3a Rn. 133.
239 So Mayer/Kroiß/*Winkler/Teubel* RVG § 3a Rn. 133.

2. Besonderheiten bei Erfolgshonoraren

117 Zu den bei der Beurteilung der Angemessenheit der Vergütung zu berücksichtigenden Umständen gehört bei erfolgsbezogenen Vergütungsvereinbarungen auch das vom Rechtsanwalt übernommene Vergütungsrisiko.[240]

118 Wie stark das übernommene Vergütungsrisiko sich auf die Angemessenheitsprüfung auswirkt, ist im Wesentlichen von zwei Faktoren abhängig. So ist zum einen zu berücksichtigen, dass im Misserfolgsfall die gesetzliche Mindestvergütung unterschritten werden soll. Je gravierender das vom Anwalt übernommene Vergütungsrisiko ist, desto höher ist die Schwelle, bei der eine unangemessen hohe Vergütung im Sinne von § 3a Abs. 3 S. 1 RVG angenommen werden kann.[241]

119 Zum anderen ist in diesem Zusammenhang auch die Erfolgswahrscheinlichkeit zu berücksichtigen. Je größer das Verlustrisiko für den Anwalt ist, umso höher ist die Schwelle, ab der bei einer für den Erfolgsfall vereinbarten Vergütung eine unangemessen hohe Vergütung im Sinne von § 3a Abs. 3 S. 1 RVG angenommen werden kann. Die Erfolgswahrscheinlichkeit kann jedoch als Prüfungskriterium auch als gegenläufiges Korrektiv wirken; so verhindert die Betrachtung der Erfolgswahrscheinlichkeit bei der Beurteilung der Angemessenheit einer erfolgsbasierten vereinbarten Vergütung, dass bei einem nahezu „sicheren Fall", also hoher Erfolgs- und geringer Misserfolgswahrscheinlichkeit, über den Umweg der Vereinbarung einer erfolgsbasierten Vergütung dolos die Angemessenheitskriterien des § 3a Abs. 3 S. 1 RVG ausgehebelt werden.[242]

120 Als eine „griffige" Grenze für die Angemessenheit bei erfolgsbezogenen Vergütungsvereinbarungen wird teilweise das 12-fache der gesetzlichen Gebühr genannt; bei einer 50-%igen Erfolgswahrscheinlichkeit sei grundsätzlich ein Zuschlag von 100 % angemessen. Addiere man beide Gestaltungsmöglichkeiten, also die Erhöhung der gesetzlichen Gebühr durch Vergütungsvereinbarung bis zum 6-fachen und Erhöhung beim Erfolgshonorar bei 50-%iger Wahrscheinlichkeit um 100 %, sei eine Vergütungsvereinbarung für den Erfolgsfall mit dem 12-fachen der gesetzlichen Gebühr für den Erfolgsfall nicht unangemessen.[243]

Einer solchen starren Grenzziehung ist jedoch zunächst entgegenzuhalten, dass es im Einzelfall sehr schwierig sein kann, die Erfolgswahrscheinlichkeit prozessual präzise festzulegen.[244] So stehen auch die Vertreter dieser Auffas-

240 BT-Drs. 16/8384, 10.
241 Gerold/Schmidt/*Mayer* RVG § 3a Rn. 33.
242 Gerold/Schmidt/*Mayer* RVG § 3a Rn. 33.
243 So Mayer/Kroiß/*Winkler/Teubel* RVG § 3a Rn. 143.
244 Gerold/Schmidt/*Mayer* RVG § 3a Rn. 34.

sung auf dem Standpunkt, der Grundsatz, dass das 12-fache der gesetzlichen Gebühr für den Erfolgsfall nicht unangemessen ist, sei zu relativieren, weil die Unangemessenheitsprüfung nach § 3a Abs. 3 immer auf der Grundlage ein nachträglichen Bewertung nach Abschluss des Verfahrens vorgenommen werde (ex nunc), wohingegen die Risikobewertung auf den Zeitpunkt der Vereinbarungsabschlusses vorzunehmen sei.[245] So müsse dieses Risiko im Einzelfall – wenn auch in Kenntnis des weiteren Verlauf des Mandats – bewertet werden und führe zwangsläufig zu einer Ausweitung der Grenzen, in denen ansonsten ohne Erfolgsbeteiligung noch eine angemessene Vergütung durch Vereinbarung zulässig wäre. Die äußerste Grenze dürfte nach dieser Auffassung allerdings die Verdoppelung auf das 12-fache der gesetzlichen Gebühr sein.[246]

3. Umfang der Herabsetzung

Ist die Vergütung nach § 3a Abs. 3 S. 1 RVG herabzusetzen, erfolgt die Herabsetzung nicht zwingend auf den Betrag der gesetzlichen Vergütung, sondern auf den angemessenen Betrag bis zur Höhe der gesetzlichen Vergütung.[247] 121

Angemessener Betrag kann der noch zulässige Grenzbetrag sein, bis zu dem die Vergütung noch als angemessen angesehen werden kann, er kann aber auch darunter liegen, in Ausnahmefällen bis zur Höhe der im konkreten Fall festzusetzenden gesetzlichen Gebühr, die keinesfalls unterschritten werden darf.[248] 122

Das Gericht unterliegt keiner Bindung an das Kammergutachten; eine Abweichung vom Gutachteninhalt soll nur aus triftigen Gründen erfolgen.[249] 123

4. Rechtsfolgen der Herabsetzung

Wird die Vergütung vom Gericht angepasst, so schuldet der Auftraggeber nur den vom Gericht reduzierten Betrag; die Vergütungsvereinbarung wird durch richterlichen Gestaltungsakt modifiziert, sie bleibt als solche wirksam, gilt aber nur noch für den reduzierten Betrag.[250] 124

Hat der Auftraggeber bereits mehr als den herabgesetzten Betrag gezahlt, steht ihm in Ansehung des Differenzbetrages ein Bereicherungsanspruch nach § 812 BGB zu, die Berufung des Anwalts auf § 818 Abs. 3 BGB ist 125

245 Mayer/Kroiß/*Winkler/Teubel* RVG § 3a Rn. 144.
246 Mayer/Kroiß/*Winkler/Teubel* RVG § 3a Rn. 144.
247 Mayer/Kroiß/*Winkler/Teubel* RVG § 3a Rn. 146.
248 Mayer/Kroiß/*Winkler/Teubel* RVG § 3a Rn. 147.
249 Schneider/Volpert/*N. Schneider* RVG § 3a Rn. 101.
250 Schneider/Volpert/*N. Schneider* RVG § 3a Rn. 102.

regelmäßig ausgeschlossen, sie gilt als berufsrechtswidrig.[251] Auch § 814 BGB greift zugunsten des Anwalts nicht ein, da die Vorschrift eine echte Nichtschuld voraussetzt.[252]

251 Schneider/Volpert/N. *Schneider* RVG § 3a Rn. 103.
252 Schneider/Volpert/N. *Schneider* RVG § 3a Rn. 103.

F. Fehlerhafte Erfolgshonorarvereinbarung

I. Allgemeines

Die ausdrückliche Regelung über die Fehlerhaftigkeit der Vergütungsvereinbarung findet sich in § 4b RVG. Nach § 4b S. 1 RVG kann aus einer Vergütungsvereinbarung, die nicht den Anforderungen des § 3a Abs. 1 S. 1 und 2 oder des § 4a Abs. 1 und 3 Nr. 1 und 4 entspricht, der Rechtsanwalt keine höhere als die gesetzliche Vergütung fordern. Nach § 4b S. 2 RVG bleiben die Vorschriften des bürgerlichen Rechts über die ungerechtfertigte Bereicherung unberührt. 126

Da jede Erfolgshonorarvereinbarung auch eine Vergütungsvereinbarung darstellt, müssen sich erfolgsbezogene Vergütungsvereinbarungen an den gesamten in § 4b S. 1 genannten Prüfungskriterien messen lassen. 127

II. Anwendungsbereich

§ 4b S. 1 RVG greift bei folgenden Verstößen ein: 128

- Verstoß gegen das Textformerfordernis (§ 3a Abs. 1 S. 1)
- Verstoß gegen das Gebot der Bezeichnung als Vergütungsvereinbarung oder in vergleichbarer Weise (§ 3a Abs. 1 S. 2 1. Alt.)
- kein deutliches Absetzen der Vergütungsvereinbarung von anderen Vereinbarungen mit Ausnahme der Auftragsteilung (§ 3a Abs. 1 S. 2 2. Alt.)
- keine Trennung von Vollmacht und Vergütungsvereinbarung (§ 3a Abs. 1 S. 2 3. Alt.)
- Verstoß gegen die Voraussetzungen, unter denen ohne Verletzung von § 49b Abs. 2 S. 1 BRAO ein Erfolgshonorar vereinbart werden darf (§ 4a Abs. 1 S. 1 Nr. 1–3 RVG)
- Verstoß gegen das Verbot, Erfolgshonorare nach § 4a Abs. 1 S. 1 Nr. 1 oder 2 zu vereinbaren, soweit sich der Auftrag auf eine Forderung bezieht, die der Pfändung nicht unterworfen ist (§ 4a Abs. 1 S. 2)
- Verstoß gegen die Verpflichtung zu der Angabe, welche Vergütung bei Eintritt welcher Bedingungen verdient sein soll (§ 4a Abs. 3 Nr. 1 RVG)
- Verstoß gegen die Verpflichtung, bei Erfolgshonorarvereinbarungen nach § 4a Abs. 1 S. 1 Nr. 3 die voraussichtliche gesetzliche Vergütung und gegebenenfalls die erfolgsunabhängige vertragliche Vergütung in die Vereinbarung aufzunehmen, zu der Rechtsanwalt bereit wäre, den Auftrag zu übernehmen (§ 4a Abs. 3 Nr. 4 RVG).

129 Nicht von § 4b Abs. 1 S. 1 RVG erfasst ist das Erfordernis in § 3a Abs. 1 S. 3 RVG, wonach die Vergütungsvereinbarung einen Hinweis darauf enthalten muss, dass die gegnerische Partei, ein Verfahrensbeteiligter oder die Staatskasse im Falle der Kostenerstattung regelmäßig nicht mehr als die gesetzliche Vergütung erstatten muss. Fehlt dieser Hinweis in der Vergütungsvereinbarung, so ist diese nicht fehlerhaft im Sinne von § 4b RVG.[253]

130 Nicht erfasst von § 4b S. 1 sind auch die Erfordernisse von § 4a Abs. 3 Nr. 2 und 3 RVG, dies entspricht auch der bisherigen Regelung in § 4a Abs. 3 aF, so dass ein Verstoß gegen die Verpflichtung, in der erfolgsbezogenen Vergütungsvereinbarung anzugeben, ob und gegebenenfalls welchen Einfluss die Vereinbarung auf die gegebenenfalls vom Auftraggeber zu zahlenden Gerichtskosten, Verwaltungskosten und die von diesem zu erstattenden Kosten anderer Beteiligter haben soll, ebenso wenig zu einer Fehlerhaftigkeit im Sinne von § 4b RVG führt wie auch die Nichtangabe der wesentlichen Gründe, die für die Bemessung des Erfolgshonorars bestimmen sind (§ 4a Abs. 3 Nr. 2 RVG).

III. Sonderproblem Erfolgszuschlag

131 Die zwingende Regelung eines Erfolgszuschlags war bislang in § 4a Abs. 1 S. 2 RVG aF enthalten. Nach § 4a Abs. 1 S. 2 RVG aF durfte in einem gerichtlichen Verfahren für den Fall des Misserfolgs nur dann vereinbart werden, dass keine oder eine geringere als die gesetzliche Vergütung zu zahlen ist, wenn für den Erfolgsfall ein angemessener Zuschlag auf die gesetzliche Vergütung vereinbart wird. § 4b S. 1 RVG aF bezog sich pauschal auf § 4a Abs. 1 RVG aF, so dass somit auch ein Verstoß gegen die Verpflichtung zur Vereinbarung eines angemessenen Zuschlags auf die gesetzliche Vergütung, wenn für ein erfolgloses gerichtliches Verfahren keine oder eine untertarifliche Vergütung vereinbart wurde, den Anwendungsbereich von § 4b eröffnete.[254]

132 Der Gesetzgeber hat nunmehr jedoch die Regelung aus § 4a Abs. 1 S. 2 RVG aF, die sich bislang nur auf gerichtliche Verfahren bezog, erweitert und klargestellt, dass die dort vorgesehene Ausgestaltung der Vereinbarung von Erfolgshonoraren im Misserfolgsfall nicht nur in gerichtlichen Angelegenheiten, sondern auch in außergerichtlichen Angelegenheiten gilt.[255] Des Weiteren wurde dieses sich auf Erfolgshonorarvereinbarungen im Sinne von § 4a Abs. 1 S. 1 Nr. 1 und 3 RVG beziehende Erfordernis nunmehr in einen

---

253 Mayer/Kroiß/*Winkler/Teubel* RVG § 4b Rn. 3.
254 Schneider/Volpert/N. *Schneider* RVG § 4b Rn. 5.
255 BT-Drs. 19/27673, 37.

eigenständigen Abs. 2 von § 4a eingegliedert. Diese neue Einordnung wurde vom Gesetzgeber jedoch bei der Anpassung von § 4b S. 1 RVG nicht berücksichtigt, die Norm bezieht sich ausdrücklich lediglich auf § 4a Abs. 1 und Abs. 3 Nr. 1 und 4. Eine Begründung dafür, weshalb ein Verstoß gegen das Gebot des Erfolgszuschlags, der nach neuem Recht zudem auch noch für außergerichtliche Angelegenheiten gelten soll, nicht mehr als Grund für eine fehlerhafte Vergütungsvereinbarung im Sinne von § 4b S. 1 RVG einzuordnen ist, findet sich in der Gesetzesbegründung nicht. Die Gesetzesbegründung der Änderung von § 4b erschöpft sich in der Aussage: „Es handelt sich um eine Folgeänderung aufgrund der Überführung des Inhalts von § 4a Abs. 2 in § 4a Abs. 3 Nr. 1 und 4 RVG."[256] Ein Verstoß der erfolgsbezogenen Vergütungsvereinbarung gegen die Anforderung aus § 4a Abs. 2 RVG dürfte demnach grundsätzlich zur Nichtigkeit der Vergütungsvereinbarung nach § 134 BGB führen. Es darf aber mit Recht bezweifelt werden, dass eine solche gravierende Konsequenz vom Gesetzgeber gewollt war. Denn bei der Regelung zum Erfolgszuschlag wurde von ihm lediglich klargestellt, dass die dort vorgesehene Ausgestaltung der Vereinbarung von Erfolgshonoraren im Misserfolgsfall nicht nur in gerichtlichen Angelegenheiten, sondern auch in außergerichtlichen Angelegenheiten gilt.[257] Deswegen ist es naheliegend davon auszugehen, dass die Nichterwähnung von § 4a Abs. 2 in § 4b S. 1 RVG lediglich ein gesetzgeberisches Versehen darstellt, so dass auch bei einem Verstoß einer erfolgsbezogenen Vergütungsvereinbarung gegen § 4a Abs. 2 RVG der Anwendungsbereich von § 4b S. 1 RVG eröffnet ist und eine Fehlerhaftigkeit der Vergütungsvereinbarung nur im Sinne dieser Norm vorliegt.

IV. Folgen einer fehlerhaften Vergütungsvereinbarung

Die Folgen einer fehlerhaften Vergütungsvereinbarung waren lange Zeit 133
strittig.[258]

Schließlich hat der BGH in einer Grundsatzentscheidung festgestellt, dass eine Vergütungsvereinbarung zwischen Rechtsanwalt und Mandant, die gegen die Formvorschriften des § 3a Abs. 1 S. 1 und 2 RVG oder gegen die Voraussetzungen für den Abschluss einer Erfolgshonorarvereinbarung nach § 4a Abs. 1 und 2 RVG aF verstößt, wirksam ist, aus ihr kann die vereinbarte Vergütung bis zur Höhe der gesetzlichen Gebühren gefordert werden.[259] Der BGH stellte sich somit – in Abkehr von seiner früheren

256 BT-Drs. 19/27673, 39.
257 BT-Drs. 19/27673, 37.
258 Siehe hierzu näher Gerold/Schmidt/*Mayer* RVG § 4b Rn. 3 ff.
259 BGH NJW 2014, 2653.

Rechtsprechung[260] – auf den Standpunkt, dass eine Erfolgshonorarvereinbarung, die gegen § 4a Abs. 1 RVG aF oder § 4a Abs. 2 RVG aF verstößt, nicht nichtig ist, sondern die vertraglich vereinbarte Vergütung – auch im Erfolgsfall – auf die gesetzliche Gebühr beschränkt ist. Sei die gesetzliche Gebühr höher, könne nur die vereinbarte Vergütung verlangt werden.[261]

134 Der BGH hat diese Auffassung im Leitsatz auch auf Vergütungsvereinbarungen erstreckt, die gegen die Formvorschriften des § 3a Abs. 1 S. 1 und S. 2 RVG verstoßen. Begründet hat der BGH seine Auffassung zum einen mit dem Zusammenspiel § 49b Abs. 2 S. 1 BRAO und §§ 4a, 4b RVG aF. Denn der Sonderregelung des § 4b RVG aF hätte es nicht bedurft, wenn nach dem Willen des Gesetzgebers eine gegen die Zulässigkeitsvoraussetzung verstoßende Erfolgshonorarvereinbarung nichtig sein sollte. Denn dann hätte es der Regelung des § 4b RVG aF nicht bedurft, weil sich die Nichtigkeit bereits aus § 134 BGB ergeben hätte.[262] Unter Rückgriff auf die Gesetzesbegründung und die Entstehungsgeschichte der Regelung in § 4b RVG aF gelangte der BGH zu der Auffassung, dass, wenn der Rechtsfehler der Vergütungsvereinbarung nicht zu der Nichtigkeit führt, sondern zu einer Begrenzung der hiernach geschuldeten Vergütung auf die gesetzlichen Gebühren, es einer zusätzlichen Anwendung der Grundsätze von Treu und Glauben nicht bedarf.[263] Aus einer gegen die Formvorschriften des § 3a Abs. 1 S. 1, S. 2 RVG verstoßenden und die Voraussetzungen für den Abschluss einer Erfolgshonorarvereinbarung nach § 4a Abs. 1, Abs. 2 RVG aF nicht einhaltenden Vergütungsvereinbarung könne der Rechtsanwalt die vereinbarte Vergütung bis zur Höhe der gesetzlichen Gebühr fordern. Unerheblich war es für den BGH auch, ob sich im konkreten Fall der Beklagte auf die Wirksamkeit der Vergütungsvereinbarung berufen habe. Der Mandant könne sich auf die tatsächlichen Wirkungen des § 4b RVG aF berufen bis zur Grenze der Treuwidrigkeit; treuwidrig sei dies nach dem BGH solange nicht, als der Mandant seinen Rechtsanwalt nicht über tatsächliche Umstände täuscht oder solche Umstände in Kenntnis ihrer Bedeutung verschweigt, die für die Wirksamkeit der Honorarvereinbarung von Bedeutung sind.[264]

135 Die Neufassung von § 3a, § 4a und 4b RVG durch das Gesetz zur Förderung verbrauchergerechter Angebote im Rechtsdienstleistungsmarkt[265] hat hieran nichts geändert, liegt ein Fehler der Vergütungsvereinbarung vor, der in den Anwendungsbereich von § 4b S. 1 RVG fällt, ist die Vergütungsvereinbarung

260 BGB BeckRS 2011, 26367.
261 BGH NJW 2014, 2653 ff. (16).
262 BGH NJW 2014, 2653 ff. (17).
263 BGH NJW 2014, 2653 ff. (26).
264 BGH NJW 2014, 2653 ff. (35).
265 BGBl. 2021 I, 3415.

wirksam, und aus ihr kann die vereinbarte Vergütung bis zur Höhe der gesetzlichen Gebühren gefordert werden.

V. Auswirkungen der Entscheidung des BGH

Die Auffassung des BGH, wonach eine gegen die in § 4b S. 1 RVG genannten Erfordernisse verstoßende Vergütungsvereinbarung nicht nichtig, sondern wirksam ist, wobei aber aus ihr nur die vereinbarte Vergütung bis zur Höhe der gesetzlichen Gebühren gefordert werden kann, hat Konsequenzen für verschiedene Streitfragen: 136

1. Hinweispflicht nach § 49 Abs. 5 BRAO

Die Streitfrage,[266] ob im Falle einer gegen die Formvorschriften des § 3a Abs. 1 S. 1 und 2 RVG verstoßenden oder die Voraussetzungen des § 4a Abs. 1 und Abs. 3 Nr. 1 und 4 nicht einhaltenden erfolgsbezogenen Vergütungsvereinbarung der Mandant der Abrechnung auf der Basis der gesetzlichen Gebühren entgegenhalten kann, dass der Rechtsanwalt den Wertgebührenhinweis nach § 49 Abs. 5 BRAO nicht erteilt hat, hat sich mit der Entscheidung des BGH erledigt. Denn nach der Rechtsprechung des BGH ist nicht die gesetzliche Vergütung geschuldet, sondern die vereinbarte, nicht die Vergütung richtet sich nach dem Gegenstandswert, sondern deren Begrenzung.[267] Ein Mandant, der eine höhere Vergütung als die gesetzliche Vergütung vereinbart hat, bedarf keiner Warnung nach § 49 Abs. 5 BRAO.[268] 137

2. Abrechnung

Macht der Anwalt ein vereinbartes Honorar bei einer gegen die Formvorschriften des § 3a Abs. 1 S. 1 und 2 RVG oder die Voraussetzungen des § 4a Abs. 1 und Abs. 3 Nr. 1 und Nr. 4 RVG verstoßenden Vergütungsvereinbarung geltend, ist er nicht gezwungen, die gesetzliche Vergütung zusätzlich mit einer den Formvorschriften entsprechenden Rechnung zu belegen,[269] denn nach wie vor wird die vereinbarte Vergütung geschuldet, nicht die gesetzliche, die gesetzliche Vergütung ist lediglich deren Begrenzung. Abzurechnen ist also die vereinbarte Vergütung, wobei der Anwalt aber kenntlich zu machen hat, dass er die vereinbarte Vergütung auf einen bestimmten Höchstbetrag, nämlich die gesetzliche Vergütung begrenzt.[270] Teilweise wird auch vertreten, der Rechtsanwalt könne in diesen Fällen die Berechnung 138

266 Vgl. *Winkler* AGS 2014, 57f.
267 *Schneider* NJW-Spezial 2014, 475; Schneider/Volpert/N. *Schneider* RVG § 4b Rn. 9.
268 *Schneider* NJW-Spezial 2014, 475; Schneider/Volpert/N. *Schneider* RVG § 4b Rn. 9.
269 *Winkler* AGS 2014, 370; anderer Auffassung wohl *Schons* AGS 2014, 323 (324).
270 *Schneider* NJW-Spezial 2014, 475; Schneider/Volpert/N. *Schneider* RVG § 4b Rn. 8.

der gesetzlichen Vergütung dem Gericht überlassen,[271] sinnvoll dürfte es aber gleichwohl stets sein, dass der Anwalt bei derartigen Problemlagen die gesetzliche Vergütung selbst vorrechnet.[272]

3. Vergütungsfestsetzungsverfahren nach § 11 RVG

139 Ein Vergütungsfestsetzungsverfahren nach § 11 RVG scheidet aus, wenn nach § 4b S. 1 RVG lediglich die gesetzliche Vergütung bei einer gegen die Formvorschriften des § 3a Abs. 1 S. 1 und 2 RVG verstoßenden bzw. die materiellen Voraussetzungen in § 4a Abs. 1 und Abs. 3 Nr. 1 und Nr. 4 RVG nicht einhaltenden Vergütungsvereinbarung geschuldet wird. Denn nach der Rechtsprechung des BGH wird die vereinbarte Vergütung geschuldet, auch wenn sie der Höhe nach auf die gesetzliche Vergütung begrenzt ist.[273] Denn eine vereinbarte Vergütung ist nicht die gesetzliche Vergütung.[274]

4. Darlegungs- und Beweislast

140 Die Rechtsprechung des BGH wirft Probleme bei der Darlegungs- und Beweislast auf. Denn vielfach dürfte der Mandant überfordert sein, wenn er im Falle einer gegen die Formvorschriften des § 3a Abs. 1 S. 1 und 2 RVG verstoßenden oder den Anforderungen des § 4a Abs. 1, Abs. 3 Nr. 1 und 4 RVG nicht genügenden Vergütungsvereinbarung darlegen und beweisen müsste, dass die gesetzliche Vergütung unter der vereinbarten Vergütung liegt.[275] Weitere Probleme ergeben sich, wenn die gesetzliche Vergütung auch Rahmengebühren umfasst, die die Bestimmung des Rechtsanwalts nach § 315 BGB basierend auf den Kriterien des § 14 RVG erfordern.[276] Richtig dürfte es daher sein, dem Anwalt die Darlegungs- und Beweislast aufzuerlegen, dass die gesetzliche Vergütung mindestens in Höhe der vereinbarten Vergütung liegt.[277]

5. Rückforderung bezahlter Beträge

141 Hat der Mandant die vereinbarte Vergütung bereits bezahlt und stellt sich dann heraus, dass die Vereinbarung nicht den Anforderungen des § 3a Abs. 1

---

271 *Winkler* AGS 2014, 370.

272 Gerold/Schmidt/*Mayer* RVG § 4b Rn. 8.

273 *Winkler* AGS 2014, 370; *Schneider* NJW-Spezial 2014, 4; Schneider/Volpert/*N. Schneider* RVG § 4b Rn. 10.

274 Siehe hierzu näher Mayer/Kroiß/*Mayer* RVG § 11 Rn. 69; vgl. auch Gerold/Schmidt/*Mayer* RVG § 4b Rn. 9.

275 *Schneider* NJW-Spezial 2014, 475; Schneider/Volpert/*N. Schneider* RVG § 4b Rn. 11.

276 *Schneider* NJW-Spezial 2014, 475; Schneider/Volpert/*N. Schneider* RVG § 4b Rn. 11.

277 *Schneider* NJW-Spezial 2014, 475; Schneider/Volpert/*N. Schneider* RVG § 4b Rn. 11; Gerold/Schmidt/*Mayer* RVG § 4b Rn. 10; unentschieden in dieser Frage *Winkler* AGS 2014, 370 (371).

S. 1 und 2 RVG oder des § 4a Abs. 1, Abs. 3 Nr. 1 und 4 entspricht, greift nach § 4b S. 2 RVG der Verweis auf das Bereicherungsrecht.[278]

Im Zusammenhang mit dem Verweis auf das Bereicherungsrecht stellt sich zunächst das Problem, dass unter Berücksichtigung der Rechtsprechung des BGH der Mandant auf eine wirksame – wenn auch unverbindliche – Vereinbarung gezahlt hat. Nach der Auffassung von Schneider ist die Unverbindlichkeit als Nichtschuld anzusehen, dafür spreche, dass in anderen Fällen der fehlenden Verbindlichkeit wie etwa bei Spiel und Wette der Rückforderungsausschluss ausdrücklich geregelt ist (§ 762 Abs. 1 S. 2 BGB).[279] Auch habe der BGH in einer weiteren Entscheidung ohne nähere weitere Begründung keine Bedenken gehabt, einen Bereicherungsanspruch anzunehmen.[280] 142

Aber auch auf der Grundlage des Bereicherungsrechts ist der Mandant zunächst selbst gehalten, bei seiner Rückforderung die Berechnung der gesetzlichen Gebühren vorzunehmen und die überzahlte Differenz zurückzufordern.[281] Allerdings ist eine eingeschränkte Darlegungs- und Beweislast des Anwalts insbesondere im Hinblick auf das Bestimmungsrecht des Anwalts nach § 315 BGB, § 14 RVG zu bejahen, so dass der Anwalt zunächst also ansatzweise darlegen muss, in welcher Höhe er die gesetzliche Vergütung abgerechnet hätte.[282] Denkbar ist auch, dass der Auftraggeber im Rückforderungsprozess im Wege der Stufenklage vorgeht, also in erster Stufe Rechenschaft über die gesetzliche Vergütung verlangt und in zweiter Stufe Zahlung des sich danach ergebenden überzahlten Betrages.[283] 143

6. Treuwidriges Verhalten des Mandanten

Nach dem BGH kann sich der Mandant auf die Wirkung des § 4b RVG berufen, und zwar bis zur Grenze der Treuwidrigkeit; nach dem BGH liegt Treuwidrigkeit solange nicht vor, als der Mandant seinen Rechtsanwalt nicht über die tatsächlichen Umstände täuscht oder solche Umstände in Kenntnis ihrer Bedeutung verschweigt, die für die Wirksamkeit der Honorarvereinbarung von Bedeutung sind.[284] 144

278 Gerold/Schmidt/*Mayer* RVG § 4b Rn. 11.
279 Schneider/Volpert/*N. Schneider* RVG § 4b Rn. 12.
280 Schneider/Volpert/*N. Schneider* RVG § 4b Rn. 12; BGH NJW 2016, 1391.
281 *Winkler* AGS 2014, 370; vgl. auch Schneider/Volpert/*N. Schneider* RVG § 4b Rn. 12.
282 *Schneider* NJW-Spezial 475 (476); Schneider/Volpert/*N. Schneider* RVG § 4b Rn. 12.
283 Schneider/Volpert/*N. Schneider* RVG § 4b Rn. 12.
284 BGH NJW 2014, 2653 ff. (35); vgl. auch Gerold/Schmidt/*Mayer* § 4b Rn. 12.

7. Erstattungsanspruch des Mandanten bei Abwehr von Gebührenansprüchen

145 Der BGH[285] erkannte einen Erstattungsanspruch des Mandanten für die für ihm aufgewandten Anwaltsgebühren zur Abwehr der Gebührenansprüche aus der fehlerhaften Vergütungsvereinbarung an. Ob damit aber bereits schon befürchtet werden muss, dass sich Anwälte häufiger Widerklagen gegenübersehen müssen, wenn sie erfolglos zu hohe oder gänzlich unbegründeten Gebührenansprüche durchzusetzen suchen,[286] ist zu bezweifeln. Denn der Entscheidung des BGH lag insoweit ein sehr krasser Sachverhalt zugrunde; in dem zugrunde liegenden Sachverhalt war, nachdem die Fehlerhaftigkeit der Vergütungsvereinbarung gerügt worden war, ein Vielfaches des vereinbarten Erfolgshonorars eingeklagt worden.[287]

VI. Grenzen des Anwendungsvorrangs von § 4b RVG

146 § 134 BGB wird nicht in jedem Fall von § 4b RVG verdrängt. So ist zwar eine Erfolgshonorarvereinbarung eines Rechtsanwalts mit einem Mandanten grundsätzlich nicht gemäß § 134 BGB nichtig, auch wenn sie gegen § 49b Abs. 2 BRAO, § 4a RVG verstößt, weil § 4b RVG eine in den § 134 BGB verdrängende Sondernorm darstellt.[288] Etwas anderes gilt jedoch für eine Vereinbarung des Rechtsanwalts mit einem Vermittler von Klienten bzw. Prozessfinanzierer für die Klienten, wonach von dem Vermittler/Prozessfinanzierer vereinnahmte Erfolgshonorare teilweise an den Rechtsanwalt weitergeleitet werden sollen, und der Rechtsanwalt dieses Geld zusätzlich zu den von seinen Mandanten ihm gegenüber geschuldeten gesetzlichen Gebühren erhält, in diesem Fall wird § 134 BGB nicht von § 4b RVG verdrängt.[289]

VII. Verweis auf Bereicherungsrecht

147 Nach § 4b S. 2 RVG bleiben die Vorschriften des bürgerlichen Rechts über die ungerechtfertigte Bereicherung unberührt. Die Regelung ist an sich gesetzessystematisch überflüssig, weil diese Vorschriften – wie auch die sonstigen Regelungen des BGB – ohnehin gelten.[290] Der Wortlaut der Vorschrift erklärt sich aus der Gesetzgebungsgeschichte. Denn mit dieser Regelung wollte der Gesetzgeber einen Ausgleich für den Wegfall des Rückforderungsausschluss in § 4 Abs. 5 S. 2 RVG aF schaffen. Die Anwälte sollten nicht

285 NJW 2014, 2653 ff. (2636).
286 So Anm. *Schons* AGS 2014, 323 (324).
287 Gerold/Schmidt/*Mayer* RVG § 4b Rn. 13.
288 Gerold/Schmidt/*Mayer* RVG § 4b Rn. 13a.
289 OLG München NJW-RR 2020, 243 = AGS 2020, 211 mit Anm. *Mayer* FD-RVG 2020, 424179.
290 *Hansens* ZAP 2008, 1125 (1131); Schneider/Volpert/N. *Schneider* RVG § 4b Rn. 17; Gerold/Schmidt/*Mayer* RVG § 4b Rn. 14.

gegenüber normalen Bürgern benachteiligt werden, der Verweis ergreift auch den Ausschlussgrund des § 814 BGB.[291]

148 Überlegungen, § 814 BGB könne dem Anwalt in Zukunft ähnlich hilfreich sein wie die bisherige Regelung in § 4 RVG aF (freiwillige und vorbehaltlose Zahlungen),[292] kann nicht gefolgt werden.[293] Denn die insoweit als Ausgangspunkt dieser Überlegungen genannte Entscheidung des BGH[294] hat nicht „einen Vergleich zwischen § 814 BGB und der alten Regelung in § 4 RVG aF hergestellt“,[295] sondern der BGH hat lediglich darauf verwiesen, dass bei beiden Regelungen die Beweislastverteilung dieselbe ist.[296] Denn bei § 814 BGB ist die der Kondiktion entgegenstehende Kenntnis des Leistenden vom Empfänger zu beweisen.[297] Auch setzt die Anwendung der Norm voraus, dass der Leistende zum Zeitpunkt seiner Leistung positiv gewusst hat, nicht zur Leistung verpflichtet gewesen zu sein, alleine die Kenntnis der Tatsachen, aus denen sich das Fehlen der rechtlichen Verpflichtung ergibt, genügt nicht, der Leistende muss auch gewusst haben, dass er nach der Rechtslage nichts schuldet.[298]

149 Bei formlosen Absprachen über eine zusätzliche Vergütung sollte daher der Anwalt – aus Beweislastgründen dokumentiert – darauf hinweisen, dass der Auftraggeber nicht verpflichtet ist, diese Vergütung zu bezahlen.[299]

In Ausnahmefällen dürfte dem Anwalt auch die Berufung auf § 818 Abs. 3 BGB möglich sein.[300]

VIII. Verzicht auf Rückforderungsanspruch

150 Nach der Rechtsprechung des BGH sind die Anforderungen an einen Verzicht auf den Rückforderungsanspruch des Mandanten hoch. So kommt nach dem BGH die Auslegung eines Verhaltens des Mandanten als Verzicht auf seinen Rückforderungsanspruch nur dann in Betracht, wenn der Mandant für den Rechtsanwalt erkennbar zumindest mit der Möglichkeit rechnet, es könne wegen Formmangels an einer Verpflichtung zur Zahlung des

291 BT-Drs. 16/8916, 14.
292 Hartung/Schons/Enders/*Schons* RVG § 4b Rn. 22.
293 Gerold/Schmidt/*Mayer* RVG § 4b Rn. 14.
294 BGH NJW 2004, 2818f.
295 So aber Hartung/Schons/Enders/*Schons* RVG § 4b Rn. 22.
296 BGH NJW 2004, 2818f. (2880); Gerold/Schmidt/*Mayer* RVG § 4b Rn. 14.
297 MüKoBGB/*Schwab* BGB § 814, Rn. 23.
298 BGH NJW 2016, 1391 = BeckRS 2015, 18767 mit Anm. *Mayer* FD-RVG 2015, 373954; Gerold/Schmidt/*Mayer* RVG § 4b Rn. 14.
299 Mayer/Kroiß/*Winkler/Teubel* RVG § 4b Rn. 11.
300 So *Hansens* ZAP 2008, 1125 ff. (1132); Gerold/Schmidt/*Mayer* RVG § 4b Rn. 14; anderer Ansicht Schneider/Volpert/*N. Schneider* RVG § 4b Rn. 25.

vereinbarten Honorars fehlen.[301] Diese strengen Anforderung dürften in der Praxis nur selten erfüllt werden können.[302]

151 Schließlich betont auch der BGH, dass strenge Anforderungen an einen Ausschluss des Rückforderungsanspruchs des Mandanten nach Treu und Glauben zu stellen sind.[303] So ist die Berufung auf den Formmangel dann ausgeschlossen, wenn es nach den Beziehungen der Parteien und den gesamten Umständen mit Treu und Glauben (§ 242 BGB) unvereinbar wäre, das Rechtsgeschäft am Formmangel scheitern zu lassen. Dabei sind nach dem BGH strenge Maßstäbe anzulegen, das Ergebnis dürfe die Partei nicht bloß hart treffen, sondern müsse schlechthin untragbar sein.[304]

301 BGH NJW 2016, 1391 = BeckRS 2015, 18767 mit Anm. *Mayer* FD-RVG 2015, 373954; Gerold/Schmidt/*Mayer* RVG § 4b Rn. 15.

302 Anm. *Mayer* FD-RVG 2015, 373954; Gerold/Schmidt/*Mayer* RVG § 4b Rn. 15.

303 BGH NJW 2016, 1391 = BeckRS 2015, 18767 mit Anm. *Mayer* FD-RVG 2015, 373954 mit Besprechung *Thiel* NZFam 2016, 81; dazu Anm. *Hellstab* AGS 2015, 557; vgl. auch die Besprechung *Hansens* RVG-Report 2016, 11; Gerold/Schmidt/*Mayer* RVG § 4b Rn. 16.

304 BGH NJW 2016, 1391; Gerold/Schmidt/*Mayer* RVG § 4b Rn. 16.

G. Sonderprobleme der Vertragsgestaltung

Sonderprobleme der Vertragsgestaltung ergeben sich aus dem speziellen Charakter erfolgsbasierter Vergütungsvereinbarungen; darüberhinaus erfolgt auch jede Vereinbarung eines Erfolgshonorar im Wege einer Vergütungsvereinbarung, so dass zusätzlich auch die Problemlagen, die sich bei Vergütungsvereinbarungen generell ergeben, von Relevanz sind. 152

I. Sonderfragen der Vertragsgestaltung bei erfolgsbasierten Vergütungsvereinbarungen

1. Kündigung des Mandats vor Erfolgseintritt

Die vorzeitige Beendigung eines Mandats ist – vergütungsrechtlich – insbesondere bei erfolgsbezogenen Vergütungsvereinbarungen besonders ärgerlich. Maßgebend ist § 627 BGB. § 627 Abs. 1 BGB ermöglicht es dem Mandanten, auch ohne Vorliegen eines wichtigen Grundes jederzeit das Mandatsverhältnis zu beenden. Ein formularmäßiger Ausschluss von § 627 Abs. 1 BGB verstößt nach herrschender Meinung gegen § 307 Abs. 2 Nr. 1 BGB.[305] Gegen § 307 Abs. 1 BGB verstößt auch die formularmäßige Verpflichtung zur Zahlung der vollen Vergütung trotz vorzeitiger Beendigung des Dienstvertrages.[306] 153

Nach § 628 Abs. 1 BGB steht im Falle einer solchen Kündigung durch den Mandanten dem Anwalt ein seinen bisherigen Leistungen entsprechender Teil der Vergütung zu. Vereinbarungen in allgemeinen Geschäftsbedingungen, die dem Verwender eine nicht nur unwesentlich höhere Vergütung von Teilleistungen zusprechen, sind unangemessen im Sinne von § 308 Nr. 7a BGB.[307] Wird eine solche Klausel gegnerüber einem Unternehmer verwandt, folgt die Unwirksamkeit aus § 307.[308] Der Vertragspartner soll nicht deshalb von der Ausübung seines Kündigungsrechts abgehalten werden, weil er sich aus wirtschaftlichen Gründen gezwungen sieht, das Vertragsverhältnis (trotz des Vertrauensverlusts) fortzuführen.[309] 154

Fraglich ist jedoch, ob dieses Regelungsgefüge nicht bei einer erfolgsbasierten Vergütungsvereinbarung zu Wertungswidersprüchen führt. Wenn beispielsweise bei einer „no win – no fee“-Vereinbarung, die den Eintritt des Erfolges an die Bedingung geknüpft hat, dass der Klageforderung durch erstinstanzliches Urteil stattgegeben wird, der Mandant das Mandatsverhältnis, 155

305 MüKoBGB/*Henssler* BGB § 627 Rn. 44.
306 MüKoBGB/*Henssler* BGB § 627 Rn. 44.
307 MüKoBGB/*Henssler* BGB § 628 Rn. 55.
308 MüKoBGB/*Henssler* BGB § 628 Rn. 55.
309 MüKoBGB/*Henssler* BGB § 628 Rn. 55.

ohne dass den Anwalt ein Verschulden trifft, zu einem Zeitpunkt kündigt, in dem beispielsweise das Gericht im Rahmen der mündlichen Verhandlung schon zu erkennen gegeben hat, dass es der Klageforderung mit höchster Wahrscheinlichkeit stattgeben wird, versagt der Regelungsmechanismus der §§ 627, 628 BGB. Denn, da nach § 627 Abs. 1 BGB der Mandant jederzeit das Mandatsverhältnis kündigen kann, wird das Mandatsverhältnis beendet, bevor zum Erfolgseintritt kommt. § 628 Abs. 1 BGB gibt dem Anwalt lediglich einen seinen bisherigen Leistungen entsprechenden Teil der Vergütung, der im Beispielsfall noch mit 0 anzusetzen ist, da die Bedingung für das Entstehen eines Vergütungsanspruchs überhaupt, das klagestattgebende Urteil, nicht eingetreten ist. Andererseits sind derartige Problemlagen dringend regelungsbedürftig, da ansonsten in sehr vielen Fällen erfolgsbasierte Vergütungsvereinbarungen, bei denen sich der Erfolg abzeichnet, vom Mandanten durch Kündigung der Vergütungsvereinbarung unterlaufen werden könnten.

156 Als rechtlicher Ansatzpunkt für eine Lösung bietet sich zunächst einmal der Rechtsgedanke des § 162 Abs. 1 BGB an. Der Erfolgseintritt ist die Bedingung dafür, dass die erfolgsbasierte Vergütung vom Mandanten an den Anwalt zu zahlen ist. Direkt dürfte § 162 Abs. 1 BGB nicht anzuwenden sein, da der Eintritt der Bedingung, nämlich das der Klage stattgebende Urteil, vom Mandanten nicht verhindert wird, sondern lediglich verhindert wird, dass das Mandatsverhältnis bis zu dem Zeitpunkt des Bedingungseintritts andauert.[310] Hinzu kommt ferner, dass § 162 Abs. 1 BGB lediglich die Verhinderung des Bedingungseintritts „wider Treu und Glauben" sanktioniert, beispielsweise aber nicht eine Vereitelung des Bedingungseintritts, die zwar pflichtwidrig erscheint, aber noch nicht als ein Verstoß gegen Treu und Glauben zu qualifizieren ist.

157 Ein anderes Lösungsmodell dieser Problemlage arbeitet mit einem Wahlrecht für den Anwalt. Dieser soll das Wahlrecht haben, im Falle einer Kündigung des Anwaltsvertrages durch den Mandanten eine nach den allgemeinen Kriterien des § 628 BGB zu berechnende „Ausfallvergütung" zu beanspruchen oder für das Erfolgshonorar zu optieren, dh die nach den Kriterien des § 628 BGB bis zur Kündigung verdiente Vergütung im Erfolgsfall mit dem ursprünglich vereinbarten Erfolgszuschlag zu beanspruchen.[311] Nicht gelten soll dies nach dieser Auffassung für den Fall einer Kündigung durch den Anwalt, da ansonsten dieser bei Erkennen der Aussichtslosigkeit seiner Be-

310 Für die Anwendung des von § 162 Abs. 1 BGB direkt in diesem Zusammenhang wohl Mayer/Kroiß/*Winkler/Teubel* RVG § 4a Rn. 60; soweit versucht wird, die Problemlage mit der Definition des „Erfolgs" in den Griff zu bekommen – so Teubel/Schons § 7 Rn. 11 – wird ausdrücklich auf die Unsicherheit hingewiesen, wie eine derartige Regelung von der Rechtsprechung beurteilt werden wird.

311 *Kilian* BB 2007, 1905 ff., 1912.

mühungen durch eine Kündigung eine unbedingte Leistungspflicht auslösen könnte; die bisherigen Leistungen seien vielmehr im Sinne des § 628 Abs. 1 S. 2 BGB als für den anderen Teil ohne Interesse anzusehen, da für den Mandanten nur eine Tätigkeit von Interesse sei, die ihm das Vergütungsrisiko gänzlich abnehme.[312] Einzuwenden gegen diese Lösung ist in erster Linie, dass sie dem Anwalt bei vorzeitiger Kündigung des Mandats durch den Auftraggeber, ohne dass ein vertragswidriges Verhalten des Anwalts vorliegt, einen Vergütungsanspruch (auch im Misserfolgsfall) zubilligt, den der Anwalt per Option wählen kann und der ihm nicht zustehen würde, wenn das Mandat ohne vorzeitige Kündigung zu Ende geführt worden werde wäre.[313] Darüber hinaus ist bei diesem Lösungsvorschlag nicht klar, ob er auf der Basis der derzeitigen geltenden Gesetz überhaupt realisierbar ist. Der Lösungsvorschlag wird vielmehr als ein Ansatz präsentiert, den der Gesetzgeber de lege ferenda aufgreifen kann.[314]

Richtigerweise ist die Lösung jedoch eher auf der Basis der §§ 627, 628 BGB 158
und deren Abdingbarkeit auch in Form allgemeiner Geschäftsbedingungen bei erfolgsbasierten Vergütungsvereinbarungen zu suchen. Denn die wesentlichen Gesichtspunkte, die bei der AGB-rechtlichen Beurteilung eine Unwirksamkeit eines formularmäßigen Ausschlusses von § 627 Abs. 1 und § 628 Abs. 1 BGB Bedeutung haben, nämlich dass der Dienstberechtigte insoweit schutzwürdig ist, als es unangemessen ist, ihn entgegen seinem Willen an einem Vertragsverhältnis festzuhalten, greift im Falle einer erfolgsbasierten Vergütung nicht in derselben Weise. Denn Anwalt und Mandant stehen sich nicht mehr wie sonst grundsätzlich wirtschaftlich neutral gegenüber, sondern durch die Vereinbarung einer erfolgsbasierten Vergütung übernimmt der Anwalt einen Teil des wirtschaftlichen Risikos, welches ausschließlich in der Sphäre des Mandanten liegt. Da der Anwalt einen Teil des an sich dem Mandanten obliegenden ökonomischen Risikos der Rechtsverfolgung trägt, prägt dies auch die Vertragsbeziehungen zwischen Anwalt und Mandant. Deshalb stellt es bei einer erfolgsbasierten Vergütungsvereinbarung weder – und zwar sowohl gegenüber einem Mandanten in seiner Eigenschaft als Unternehmer wie auch in seiner Eigenschaft als Verbraucher – eine unangemessene Benachteiligung im Sinne von § 307 BGB dar noch liegt eine unangemessene hohe Vergütung im Sinne von § 308 Nr. 7 BGB vor, wenn der Regelungsmechanismus der §§ 627, 628 BGB in einer solchen Vergütungsvereinbarung modifiziert wird.

312 *Kilian*, aaO.
313 Vgl. in diesem Zusammenhang auch *Kilian*, aaO.
314 *Kilian*, aaO.

159 Auf den ersten Blick könnte jedoch § 309 Nr. 6 BGB problematisch erscheinen, wenn die Kündigung des Mandatsverhältnisses durch den Auftraggeber vor Erfolgseintritt gleichwohl zur Zahlung des Erfolgshonorars verpflichtet und diese Verpflichtung als Vertragsstrafe begriffen wird. Nach § 309 Nr. 6 BGB ist eine Klausel unwirksam, wenn der Vertragspartner die Zahlung einer Vertragsstrafe für den Fall versprochen hat, dass er sich von dem Vertrag löst.[315] Im Verkehr zwischen Unternehmern ist die formularmäßige Vereinbarung einer Vertragsstrafe als solche grundsätzlich wirksam, unterliegt aber der Inhaltskontrolle nach § 307 BGB.[316] Deshalb dürfte in Klauseln, die vorsehen, dass bei einer unberechtigten Kündigung der erfolgsbasierten Vergütung vor Eintritt des Erfolgs durch den Mandanten der Mandant gleichwohl zur Zahlung des Erfolgshonorars verpflichtet ist, gleich ob der Erfolg eintritt oder nicht, zumindest gegenüber Mandanten in ihrer Eigenschaft als Verbraucher unwirksam sein.

160 Vor diesem Hintergrund könnte eine Regelung einen angemessenen Interessenausgleich darstellen, die bei Kündigung des Auftragsverhältnisses, ohne dass ein vertragswidriges Verhalten des anderen Vertragsteils Veranlassung gegeben hat, mit einem Leistungsbestimmungsrecht des Anwalts arbeitet. § 3a Abs. 2 S. 2 dürfte dem nicht entgegenstehen. Mit der Regelung soll lediglich die Festsetzung der Vergütung nach „Ermessen" ausgeschlossen werden.[317] Vielmehr wird in der erfolgsbezogenen Vergütungsvereinbarung genau festgelegt, nach welchen Kriterien der Anwalt sein Leistungsbestimmungsrecht auszuüben hat.

161 Es ergibt sich daher folgender Regelungsvorschlag:

vorzeitige Kündigung der erfolgsbasierten Vergütungsvereinbarung

1. Der Mandant kann das Auftragsverhältnis jederzeit kündigen. Der Anwalt kann in diesem Fall einen seinen bisherigen Leistungen entsprechenden Teil der Vergütung verlangen.
2. Tritt nach der Kündigung des Auftragsverhältnisses der Erfolgsfall ein, steht dem Anwalt für seine Vergütung ein Leistungsbestimmungsrecht zu. Er hat dabei insbesondere seinen bisherigen Zeitaufwand, den von ihm üblicherweise zugrunde gelegten Stundensatz, den Beitrag seiner Tätigkeit zum Erfolgseintritt, das Verhältnis der von ihm bestimmten Vergütung zur gesetzlichen Vergütung und die Bedeutung des Erfolgs für den Mandanten zu berücksichtigen. Der Mandant ist auch nach Beendigung des Auftragsverhältnisses verpflichtet, dem Anwalt die zur Beurteilung der vorgenannten Bemessungskriterien erforderlichen Informationen zu erteilen.
3. Kündigt der Anwalt das Auftragsverhältnis, ohne durch ein vertragswidriges Verhalten des anderen Teils dazu veranlasst zu sein oder veranlasst er durch sein vertragswidriges Verhalten die Kündigung des Mandanten, steht ihm ein Anspruch auf die Vergütung insoweit nicht zu, als seine bisherigen Leistungen infolge der Kündigung für den anderen Teil kein Interesse haben. Liegt ein vertragswidriges Verhalten des anderen Teils vor, gelten

315 MüKoBGB/*Wurmnest* BGB § 309 Nr. 6 Rn. 2.
316 MüKoBGB/*Wurmnest* BGB § 309 Nr. 6 Rn. 19.
317 Gerold/Schmidt/*Mayer* RVG § 4 Rn. 24.

Abs. 1 Satz 2 und Abs. 2 entsprechend. Ein vertragswidriges Verhalten des Mandanten liegt insbesondere auch dann vor, wenn er nicht in dem erforderlichen Maße mit dem Anwalt zusammenarbeitet, die erforderlichen Informationen und Unterlagen nicht rechtzeitig zur Verfügung stellt oder sich weigert, den in der Sache erteilten Ratschlägen des Anwalts zu folgen.

2. Mitwirkung des Mandanten

Neben der Notwendigkeit, bei einer erfolgsbasierten Vergütungsvereinbarung auch interessengerechte Regelungen für den Fall der Mandatsbeendigung zu einem Zeitpunkt, zu dem der Erfolgseintritt noch nicht erfolgt ist, zu treffen, besteht auch die sachliche Notwendigkeit, die Mitarbeit des Mandanten an der Zielerreichung vertraglich sicherzustellen. Denn anders als bei „normalen“ Mandaten oder Vergütungsvereinbarungen führt bei einer erfolgsbasierten Vergütungsvereinbarung die Tatsache, dass der Mandant nicht oder nicht rechtzeitig die erforderlichen Informationen und Unterlagen für eine erfolgreiche Verfahrensführung zur Verfügung stellt, nicht nur dazu, dass – wenn überhaupt – der Mandant sich selbst schädigt, da er prozessuale Nachteile erleidet, sondern bei einer erfolgsbasierten Vergütungsvereinbarung können solche Nachlässigkeiten des Mandanten sich auch zum Schaden des Anwalts auswirken, wenn beispielsweise ein Verfahren nur deshalb nicht erfolgreich gestaltet werden kann, weil der Mandant die erforderlichen Informationen und Unterlagen nicht rechtzeitig zur Verfügung gestellt hat oder in anderer Weise nicht ausreichend an der Erreichung des Verfahrenserfolges mitgewirkt hat. 162

Die vorgeschlagene Vertragsklausel soll sicherstellen, dass bei schuldhafter Verletzung der Mitwirkungspflichten durch den Mandanten der Anwalt zunächst zumindest Anspruch auf die gesetzliche Vergütung hat. Eine solche Pflichtverletzung lediglich mit einer Schadensersatzverpflichtung zu sanktionieren, könnte leerlaufen, da bei Fehlen der erforderlichen Informationen oder Unterlagen für den Anwalt vielfach der Nachweis nicht zu führen sein könnte, dass bei entsprechender Mitwirkung des Mandanten der Erfolg auch eingetreten wäre und ihm insoweit ein korrespondierender Schaden entstanden ist. Im Hinblick auf § 309 Nr. 5b BGB muss jedoch dem Mandanten der Nachweis gestattet werden, dass ein Schaden überhaupt nicht entstanden oder wesentlich niedriger ist als die gesetzliche Vergütung. 163

Es ergibt sich somit folgender Regelungsvorschlag: 164

Mitwirkung des Mandanten/der Mandantin.

1. Der Mandant/die Mandantin verpflichtet sich, dem Anwalt alle zur Beurteilung des dem Mandat zugrunde liegenden Sachverhalts erforderlichen Information und Unterlagen vollständig, wahrheitsgemäß und rechtzeitig zur Verfügung zu stellen. Er/Sie ist insbesondere verpflichtet, auf schriftliche Anfragen des Anwalts unverzüglich, zumindest aber in der vom Anwalt gesetzten Frist zu antworten.

2. Verletzt der Mandant/die Mandantin seine/ihre Verpflichtungen aus Abs. 1, ist ein Anwalt berechtigt, für seine Tätigkeit gegenüber dem Mandanten/der Mandantin die gesetzliche Vergütung zu berechnen. Der Mandant/die Mandantin ist berechtigt, nachzuweisen, dass durch die Pflichtverletzung dem Anwalt ein Schaden in Höhe der gesetzlichen Vergütung nicht entstanden oder ein Schaden in geringerer Höhe als der gesetzlichen Vergütung lediglich entstanden ist.

3. Sicherung des Vergütungsanspruchs des Rechtsanwalts

165 Eine Absicherung des eigenen Vergütungsanspruchs des Rechtsanwalts ist gerade bei erfolgsbezogenen Vergütungsvereinbarungen von erheblicher Bedeutung. Während bei nicht erfolgsbezogenen Vergütungsvereinbarungen der Anwalt ohne Weiteres die Möglichkeit hat, eine § 9 RVG entsprechende vertragliche Regelung zu vereinbaren und damit sich ein Vorschuss für die voraussichtlich entstehende Vergütung zu sichern, läuft eine solche Regelung bei „no win – no fee"-Vereinbarungen weitgehend und bei „no win – less fee"-Vereinbarungen zumindest teilweise leer; im ersteren Fall steht von vornherein überhaupt nicht fest, ob der Anwalt eine Vergütung überhaupt erhält, im anderen Fall steht die Höhe der Vergütungsforderung des Anwalts erst bei Mandatsbeendigung fest, so dass auch insoweit eine Vorschussanforderung allenfalls auf die denkbare Mindestvergütung bezogen sein könnte und dementsprechend nur eine eingeschränkte Sicherungsfunktion hat.

166 Die Absicherung des anwaltlichen Vergütungsanspruchs ist dann vertragstechnisch eher unproblematisch, wenn Gegenstand erfolgsbasierten Vergütungsvereinbarung die Durchsetzung eines Zahlungsanspruchs des Mandanten ist. Denn in einem solchen Fall bietet es sich an zu vereinbaren, dass der Mandant an den Rechtsanwalt zur Absicherung des dem Rechtsanwalt zustehenden Vergütungsanspruchs seinen Zahlungsanspruch gegen den Anspruchsgegner anteilig abtritt.

167 Die Sicherungsabtretung der Zahlungsforderungen des Mandanten hindert nicht, dass der Mandant trotz der Abtretung der Forderung im eigenen Namen geltend machen und einziehen kann.[318]

168 Eine entsprechende Vertragsklausel einer erfolgsbasierten Vergütungsvereinbarung könnte beispielsweise wie folgt lauten:

Stille Sicherungszession

1. Der Mandant/die Mandantin tritt den in § 1 genannten Anspruch gegen ... zur Absicherung der in § 3 geregelten Vergütungsansprüche des Rechtsanwalts in Höhe der ihm nach dieser Regelung zustehenden Maximalvergütung an den Rechtsanwalt ab.
2. Der Rechtsanwalt ist berechtigt, die Abtretung offenzulegen, wenn der Mandant/die Mandantin das Auftragsverhältnis kündigt, ohne dass ein vertragswidriges Verhalten des Anwalts vorliegt, oder nach verständiger Betrachtung Zweifel an der ordnungsgemäßen Erfül-

318 BGH NJW 1999, 2110 ff.; BeckOK BGB/*Rohe* BGB § 398 Rn. 82.

lung des Vergütungsanspruchs des Rechtsanwalts gemäß § 3 durch den Mandanten/die Mandantin bestehen.

3. Solange die Abtretung nicht offengelegt ist, ist der Rechtsanwalt berechtigt, den Anspruchsgegner und sonstige Zahlungspflichtige anzuweisen, Zahlungen zur Erfüllung des in § 1 genannten Anspruchs schuldbefreiend nur an ihn zu leisten.

4. Berücksichtigung prozessualer Kostenerstattungsansprüche bei der erfolgsbasierten Vergütungsvereinbarung

Die Vereinbarung eines Erfolgshonorars, welches im Misserfolgsfall eine geringere als die gesetzliche Vergütung vorsieht, kann bei Vorliegen eines prozessualen Kostenerstattungsanspruchs zu einer Begünstigung des Verfahrensgegners führen; beim teilweisen Obsiegen nämlich geht der Kostenerstattungsanspruch des Mandanten dann und insoweit ins Leere, wenn das teilweise Obsiegen dem Rechtsanwalt nach der erfolgsbasierten Vergütungsvereinbarung keine oder eine geringere als die gesetzliche Vergütung gegen den Mandanten gewährt, denn die Kostenerstattung setzt im Innenverhältnis das Bestehen eines Vergütungsanspruchs voraus.[319] 169

Sinnvoll ist es daher, für den Fall des teilweisen Obsiegen eine Mindestvergütung in Höhe des Betrages zu vereinbaren, der sich nach der im Urteil ausgesprochenen oder in einem Vergleich vereinbarten Kostenquote auf der Basis der ungekürzten gesetzlichen Vergütung ergibt. 170

Eine entsprechende Vertragsklausel könnte wie folgt formuliert werden:

1. Tritt der Erfolg nicht ein, beträgt die Vergütung des Anwalts in jedem Fall mindestens den Betrag, der sich nach der im Urteil ausgesprochenen und im Vergleich vereinbarten Kostenquote auf der Basis der ungekürzten gesetzlichen Vergütung als Kostenerstattungsforderung gegen den Anspruchsgegner ergibt.
2. Erweist sich ein prozessualer Kostenerstattungsanspruch gegen den Verfahrensgegner des Mandanten/der Mandantin nicht als werthaltig, beschränkt sich der Vergütungsanspruch des Anwalts auf das in § ... für den Misserfolgsfall vorgesehene Honorar.
3. Der Mandant/die Mandantin tritt an den Rechtsanwalt alle Kostenerstattungsansprüche, gleich ob bereits entstanden oder künftig noch entstehend, ab, die ihm gegen den Prozessgegner in der in § ... bezeichneten Angelegenheit zustehen. Die Abtretung dient zur Sicherung des Vergütungsanspruchs des Rechtsanwalts in der vorgenannten Angelegenheit. Der Rechtsanwalt ist berechtigt, die vorstehend geregelte Abtretung jederzeit offenzulegen und die abgetretene Forderung einzuziehen.

5. Hinzurechnung der Abfindung zum Gegenstandswert im Kündigungsschutzverfahren

Nach dem OLG München hält in Arbeitssachen über das Bestehen, das Nichtbestehen oder die Kündigung eines Arbeitsverhältnisses eine Klausel in einer Vergütungsvereinbarung, die eine Mindestvergütung des in Höhe des 3-fachen der gesetzlichen Vergütung nach dem RVG und die Hinzurech- 171

319 *Kilian* NJW 2008,3 1905 ff., 1909.

nung der Abfindung zum Gegenstandswert vorsieht, der Inhaltskontrolle nach dem Recht der Allgemeinen Geschäftsbedingungen nicht stand und ist intransparent im Sinne von § 307 Abs. 1 S. 2 BGB.[320] Herausgearbeitet hat das OLG München auch, dass bei einer solchen Klausel eine erfolgsbezogene Vergütungsvereinbarung vorliegt. Das Gericht sprach insoweit von einer „indirekten Erfolgsbeteiligung“. Aufgrund der Einbeziehung der Abfindung in den Gegenstandswert hänge die Höhe der Mindestvergütung von der Höhe der am Ende ausgehandelten Abfindung damit vom Erfolg der anwaltlichen Tätigkeit ab, hierdurch werde der Beklagte letztlich am Erfolg seiner für den Kläger mit seinem Arbeitgeber bisher geführten Verhandlung beteiligt.[321]

172 Das Revisionsverfahren zum BGH blieb erfolglos. Der BGH betonte, dass eine formularmäßige Vergütungsvereinbarung, welche eine Mindestvergütung des Rechtsanwalts in Höhe des 3-fachen der gesetzlichen Vergütung vorsieht, jedenfalls im Rechtsverkehr mit Verbrauchern wegen unangemessener Benachteiligung des Mandanten unwirksam ist, wenn das Mandat die Kündigung des Arbeitsverhältnisses des Mandanten betrifft und die Vergütungsvereinbarung zusätzlich eine Erhöhung des Gegenstandswerts um die Abfindung vorsieht.[322]

II. Allgemeine Fragen der Vertragsgestaltung bei Vergütungsvereinbarungen

173 Da die Vereinbarung eines Erfolgshonorars nicht nur die speziellen gesetzlichen Anforderungen an eine erfolgsbezogene Vergütungsvereinbarung, sondern auch die Anforderungen einhalten muss, die für Vergütungsvereinbarungen generell gelten, können auch im Bereich des Erfolgshonorars Fragestellungen virulent werden, die auch bei nicht erfolgsbezogenen Vergütungsvereinbarungen relevant sind. Dies gilt beispielsweise dann, wenn für den Misserfolg oder den Erfolgsfall ein Zeithonorar des Anwalts vereinbart worden ist.

1. Zeittaktklauseln

174 Je nach Problemlage kann es sich auch anbieten, bei einer erfolgsbezogenen Vergütungsvereinbarung für den Erfolgsfall oder für den Misserfolgsfall eine Vergütung des Anwalts nach Zeithonorar zu vereinbaren. Problematisch bei Zeithonorarvereinbarungen ist jedoch stets der Abrechnungstakt. Die für den Anwalt rechtssicherste aber auch am wenigsten praktikable Abrech-

320 OLG München BeckRS 2019, 10656 = AGS 2019, 379 mit Anm. *Mayer* FD-RVG 2019, 418159; vgl. auch *Raab* DStR 2019, 1711.
321 OLG München BeckRS 2019, 10656 (56).
322 BGH NJW 2020, 1811; Anm. *Schneider* NJW-Spezial 2020, 285; vgl. auch Gerold/Schmidt/*Mayer* RVG § 3a Rn. 71c.

nungsvariante ist die minutengenaue Abrechnung der aufgewandten Arbeitszeit.

Gebräuchlich sind daher Zeittaktklauseln, also eine Erfassung der Arbeitszeit auf der Basis von bestimmten Mindestzeitintervallen. Bereits bei einer Befragung im Jahre 2005 gaben 36 % der Rechtsanwälte, die mit Zeithonorar arbeiteten, an, dass sie auf eine minutengenaue Abrechnung verzichten und ihren Mandanten grundsätzlich Zeitintervalle in Rechnung stellen.[323] 175

Die Problematik von Zeittaktklauseln zeigte sich bislang insbesondere bereits aus dem in den USA bekannten Phänomen des „quarter-hour-billing",[324] also der Abrechnung auf der Basis eines Zeittaktes von 15 Minuten. Die Rechtsprechung in dieser Frage war uneinheitlich.[325] Nach Auffassung des OLG Düsseldorf verstößt eine formularmäßige 15-Minuten-Zeittaktklausel gegen § 307 BGB.[326] Das OLG Schleswig hingegen hat eine Zeittaktklausel von 15 Minuten als zulässig angesehen und insbesondere damit argumentiert, dass § 13 S. 2 StBVV einen 30-minütigen Takt vorsehe, die „Aufschreibung im 15-Minuten-Takt" erscheine für die anwaltliche Tätigkeit, deren Arbeitsschritte in aller Regel längere Zeitabschnitte als nur einzelne Minuten umfassen, vielmehr als adäquat.[327] 176

Nachdem sich das OLG München auf den Standpunkt gestellt hatte, dass eine formularmäßige Vereinbarung einer Abrechnung nach einem 15-Minutentakt, die zur Aufrundung des Zeitaufwands für jede einzelne an einem Tag ausgeführte Tätigkeit führe, gegen § 307 Abs. 2 Nr. 1 BGB verstoße und im Rahmen der Begründung deutlich machte, dass es die Grenze für eine wirksame Klausel bei 6 Minuten zieht,[328] entschied der BGH im sich anschließenden Revisionsverfahren die Streitfrage dahin gehend, dass eine formularmäßig vereinbarte 15-Minuten-Zeittaktklausel jedenfalls im Rechtsverkehr mit Verbrauchern gemäß § 307 Abs. S. 1, Abs. 2 Nr. 1 BGB unwirksam ist, allerdings betonte er im Rahmen der Urteilsbegründung, dass es durchaus gute Gründe für eine Abrechnung nach Zeittakten gebe. Der Rechtsanwalt, der etwa durch einen Anruf oder eine Rückfrage eines Ange- 177

323 Gerold/Schmidt/*Mayer* RVG § 3a Rn. 65; Hommerich/Kilian, Vergütungsvereinbarungen deutscher Rechtsanwälte, 1. Aufl. 2006, 84.

324 Hommerich/Kilian, Vergütungsvereinbarungen deutscher Rechtsanwälte, 1. Aufl. 2006, 85.

325 Siehe hierzu näher Gerold/Schmidt/*Mayer* RVG § 3a Rn. 65.

326 OLG Düsseldorf NJW-RR 2007, 129; OLG Düsseldorf BeckRS 2010, 04701 mit Anm. *Mayer* FD-RVG 2010, 300104; LG Köln BeckRS 2016, 117238 mit Anm. *Mayer* FD-RVG 2017, 388220; BeckRS 2018, 286 mit Anm. *Mayer* FD-RVG 2018, 402307.

327 OLG Schleswig BeckRS 2009, 16600 = RVGreport 2009, 179; Anm. *Mayer* FD-RVG 2009, 286206; LG München BeckRS 2010, 10403 = LSK 2010, 490115.

328 OLG München BeckRS 2019, 10655 = RVGreport 2019, 374 = AnwBl 2019, 491 mit Anm. *Schons*; Anm. *Mayer* FD-RVG 2019, 418168.

stellten in seiner Arbeit gestört werde, müsse sich erst wieder einarbeiten, wenn er sich nach Ende der Unterbrechung erneut seiner eigentlichen Arbeit zuwendet. Das koste Zeit, auch biete eine Zeittaktklausel dem Mandanten überdies einen Anreiz, Rückfragen und Bemerkungen möglichst geordnet und gesammelt zu übermitteln und den Rechtsanwalt nicht unnötig durch wiederholte E-Mails und Anrufe in seiner Arbeit zu unterbrechen.[329]

2. Erleichterter Nachweis der anwaltlichen Tätigkeit bei Zeithonorarvereinbarungen

178 Bei Vergütungsvereinbarungen stellt der Nachweis der geleisteten Stunden vielfach ein Problem dar, da grundsätzlich, also ohne vertraglichen Regelung, der Anwalt für den Umfang der von ihm geleisteten Tätigkeit beweispflichtig ist.[330] Die Anforderungen der Rechtsprechung an den Nachweis der geleisteten Stunden sind hoch. So stellt sich der BGH auf den Standpunkt, soweit ein Rechtsanwalt Ansprüche aus einer Zeitvergütung herleite, trage er die Darlegungs- und Beweislast dafür, dass die berechnete Vergütung tatsächlich entstanden sei. Im Falle eines vereinbarten Zeithonorars müsse die naheliegende Gefahr ins Auge gefasst werden, dass dem Mandanten der tatsächliche zeitliche Aufwand des Anwalts verborgen bleibe und ein unredlicher Anwalt deshalb ihm nicht zustehende Zahlungen beanspruche. Deshalb erfordere eine schlüssige Darlegung der geltend gemachten Stunden, dass über pauschale Angaben hinaus die während des Abrechnungszeitraums getroffenen Maßnahmen konkret und in nachprüfbarer Weise dargelegt werden. Eine nähere Substantiierung sei unverzichtbar, weil die für die Bearbeitung des Mandats aufgewandte Arbeitszeit tatsächlich kaum kontrolliert werden könne. Insoweit sei etwa anzugeben, welche Akten und Schriftstücke durchgesehen wurden, welcher Schriftsatz vorbereitet und verfasst wurde, zu welcher Tat- oder Rechtsfrage welche Literaturrecherchen angestellt und zu welchem Thema mit welchem Gesprächspartner wann eine fernmündliche Unterredung geführt worden sei. Nicht genügend seien allgemeine Hinweise auf Aktenbearbeitung, Literaturrecherche und Telefongespräche, weil sie jedenfalls bei wiederholter Verwendung inhaltsleer seien und ohne die Möglichkeit einer wirklichen Kontrolle geradezu beliebig ausgeweitet werden könnten.[331] Eine Klausel, die dem Mandanten die Beweislast gegen die Abrechnung des Anwalts auferlegt, verstößt gegen § 309 Nr. 12a BGB.[332]

179 Strittig ist, ob Klauseln, die dem Mandanten eine Art Verschweigungsfrist setzen, dh dass die abgerechneten Stunden als anerkannt gelten, wenn er

329 BGH BeckRS 2020, 4565 (35 ff.); vgl. auch Gerold/Schmidt/*Mayer* RVG § 3a Rn. 65.
330 Mayer/Kroiß/*Winkler/Teubel* RVG § 3a Rn. 98.
331 BGH BeckRS 2020, 46565 (38) mwN.
332 Mayer/Kroiß/*Winkler/Teubel* RVG § 3a Rn. 99; *Schneider* in HBS Vergütungsrecht Teil 2 Rn. 134.

nicht in einer bestimmten Frist widerspricht, als (versteckte) unzulässige Beweislastumkehr gegen § 309 Nr. 12a BGB verstoßen.[333] Eine solche Klausel dürfte auch gegen § 307 Abs. 2 Nr. 1 BGB verstoßen, da der Mandant gegenüber der gesetzlichen Regelung, die dem Anwalt die Beweislast auferlegt und keine Erklärungspflicht des Mandanten vorsieht, unangemessen benachteiligt wird.[334]

Einigkeit besteht aber darüber, dass auf jeden Fall die Voraussetzungen 180
des § 308 Nr. 5 BGB einzuhalten sind, wonach das fingierte Anerkenntnis des Auftraggebers nur dann zulässig ist, wenn eine angemessene Frist zur Abgabe einer ausdrücklichen Erklärung eingeräumt ist und der Klauselverwender, also der Rechtsanwalt, sich verpflichtet, den Vertragspartner bei Beginn der Frist auf die vorgesehene Bedeutung seines Verhaltens besonders hinzuweisen.[335] Nach dem LG Köln stellt aber auch die Klausel, wonach die abgerechneten Zeiten als anerkannt gelten, wenn der Auftraggeber nicht binnen einer Frist von vier Wochen der Abrechnung widerspricht, wobei der Auftraggeber zu Beginn der Widerspruchsfrist auf die vorgesehene Genehmigung durch widerspruchslosen Fristablauf besonders hingewiesen wird, eine unangemessene Benachteiligung dar und ist unwirksam.[336]

333 Verstoß wohl bejahend Mayer/Kroiß/*Winkler/Teubel* RVG § 3a Rn. 99; kein Verstoß *Schneider* in HBS VergütungsR Teil 2, Rn. 134; *Schneider* Vergütungsvereinbarung Rn. 736.

334 Mayer/Kroiß/*Winkler/Teubel* § 3a Rn. 99; Gerold/Schmidt/*Mayer* RVG § 3a Rn. 66.

335 Mayer/Kroiß/*Winkler/Teubel* RVG § 3a Rn. 100; Gerold/Schmidt/*Mayer* RVG § 3a Rn. 66; *Schneider* in HBS VergütungsR Teil 2, Rn. 134; *Schneider* Vergütungsvereinbarung Rn. 737.

336 BeckRS 2018, 286 = AGS 2018, 108 = BRAK-Mitteilungen 2018, 97 mit Anm. *Beck Bever* und Anm. *Mayer* FD-RVG 2018, 402307; Gerold/Schmidt/*Mayer* RVG § 3a Rn. 66.

H. Die kalkulatorische Seite des Erfolgshonorars

In der Regelung in § 4a Abs. 2 RVG, wonach in anderen als den in Abs. 1 S. 1 Nr. 2 genannten Angelegenheiten, also den außergerichtlich oder in einem der in § 79 Abs. 2 S. 2 Nr. 4 ZPO genannten Verfahren erbrachten Inkassodienstleistungen, nur dann vereinbart werden darf, dass für den Fall des Misserfolgs keine oder eine geringere als die gesetzliche Vergütung zu zahlen ist, wenn für den Erfolgsfall ein angemessener Zuschlag auf die gesetzliche Vergütung vereinbart wird, hat der Gesetzgeber bereits schon die beiden wichtigsten Parameter für die Kalkulation von Erfolgshonoraren angesprochen, nämlich den Abschlag von der gesetzlichen Vergütung im Falle des Misserfolgs und die Erfolgswahrscheinlichkeit. 181

Die betriebswirtschaftlichen Anforderungen an den mit Erfolgshonoraren arbeitenden Rechtsanwalt sind erheblich. Erfolgshonorare ähneln in ihrer Funktionsweise einer Versicherung, da die Mandate ohne erfolgreichen Ausgang, die ohne Vergütung bleiben oder mit weniger als der gesetzlichen Vergütung honoriert werden, von den erfolgreichen Mandaten quersubventioniert werden.[337] Griffige und überzeugende Kriterien, wie Erfolgshonorare zu kalkulieren sind, sind schwer festzustellen. ZB wurde im Zusammenhang mit der englischen conditional fee eine Richtschnur für die Zuschlagswerte wie folgt diskutiert.[338] 182

Erfolgswahrscheinlichkeit	Zuschlag
100	0
95	5
90	11
80	25
75	33
70	43
67	50
60	67
55	82
50	100[339]

Die erheblichen Unterschiede beim Zuschlag zwischen einer Erfolgswahrscheinlichkeit von 50 % und einer Erfolgswahrscheinlichkeit von 67 % erklären sich zwanglos daraus, dass bei einer Erfolgswahrscheinlichkeit von 67 % zwei von drei Verfahren gewonnen werden, so dass ein Zuschlag von 50 % je gewonnenen Verfahren ausreicht, um die eigene Honorierung in einem bei einer Erfolgswahrscheinlichkeit von 67 % verlorenen Verfahren 183

337 *Kilian* BB 2006, 225 ff., 230.
338 Gerold/Schmidt/*Mayer* RVG § 4a Rn. 16f.
339 Gerold/Schmidt/*Mayer* RVG § 4a Nr. 17.

auszugleichen; liegt die Erfolgswahrscheinlichkeit jedoch bei 50 %, muss der Zuschlag 100 % betragen, da jedes zweite Verfahren verloren wird.[340]

184 Ein anderer Ansatz arbeitet mit dem Erwartungswert des Erfolgshonorars, das dem Wert eines Zeithonorars entsprechen soll mit der Formel:

Vergleichshonorar dividiert durch (Gegenstandswert x Obsiegenswahrscheinlichkeit) = Erfolgshonorar in %[341]

185 Bei einem Zeithonorar von 4.000 EUR netto, einer durchzusetzenden Forderung von 200.000 EUR und einer Erfolgswahrscheinlichkeit von 40 % ergibt sich nach diesem Ansatz, dass eine Erfolgsvergütung von mindestens 5 % des geltend zu machenden Anspruchs vereinbart werden muss, um den gleichen Erwartungswert zu haben wie beim Stundenhonorar. Für den Beispielsfall gilt: 5 % von 200.000 EUR entsprechen 10.000 EUR. Bei einer Obsiegenswahrscheinlichkeit von 40 % entspreche dies exakt dem Zeithonorar.[342]

186 Das im Vergleich zum RVG-Honorar für Anwälte höhere Risiko ist nach dieser Auffassung gegebenenfalls durch einen Zuschlag auf den Prozentsatz des Erfolgshonorars abzubilden.[343]

187 Schnee-Gronauer hat auch eine Tabelle erstellt, die der einfachen Ermittlung von Prozentsätzen bei der Vereinbarung von Erfolgshonoraren dienen soll. In der Tabelle sind zu dem jeweiligen Betrag der einfachen Gebühr nach dem RVG für Gegenstandswerte zwischen 500 EUR und 2,0 Millionen und Obsiegenswahrscheinlichkeiten zwischen 10 % und 90 % jeweils die Prozent-Sätze angegeben, die bei Vereinbarung eines prozentualen Erfolgshonorars den gleichen Erwartungswert liefern wie eine 1,0-fache Vergütung nach dem RVG.[344]

188 Das Kriterium der Erfolgswahrscheinlichkeit eignet sich jedoch nur begrenzt als Grundlage für die Kalkulation eines Erfolgshonorars nach § 4a RVG. Ob der im Erfolgsfall nach § 4a Abs. 2 zu vereinbarende Zuschlag angemessen ist, ist nach der Vorstellung des Gesetzgebers aus Sicht der Vertragspartner

340 Gerold/Schmidt/*Mayer* RVG § 4a Rn. 18.
341 Schnee-Gronauer, Erfolgshonorare aus betriebswirtschaftlicher Sicht: Wie kalkulieren?, AnwBl Online 2021, 242 (243).
342 Schnee-Gronauer, Erfolgshonorare aus betriebswirtschaftlicher Sicht: Wie kalkulieren?, AnwBl Online 2021, 242 (243).
343 Schnee-Gronauer, Erfolgshonorare aus betriebswirtschaftlicher Sicht: Wie kalkulieren?, AnwBl Online 2021, 242 (243).
344 Schnee-Gronauer, Erfolgshonorare aus betriebswirtschaftlicher Sicht: Wie kalkulieren?, AnwBl Online 2021, 242 (243).

im Zeitpunkt des Vertragsschlusses zu beurteilen.[345] Die Erfolgsaussichten müssen somit bei Abschluss der Vergütungsvereinbarung beurteilt werden. Zu diesem Zeitpunkt stehen aber dem Anwalt in der Praxis wenn überhaupt lediglich die Informationen des Mandanten zum Sachverhalt zur Verfügung, die Sachverhaltsschilderung des Gegners ist vielfach ebenso unbekannt wie die Aussagen von Zeugen, Sachverständigen etc. Fraglich ist, ob zu diesem Zeitpunkt ein solides „Screening" des herangetragenen Mandats, wie zB bei auf Erfolgshonorarbasis arbeitenden amerikanischen Anwälten üblich,[346] überhaupt möglich ist. Beim Abschluss der Vergütungsvereinbarung dürfte es vielfach lediglich möglich sein, die Erfolgsaussichten nur ganz grob zu beurteilen. Häufig dürfte es darauf hinauslaufen, die Erfolgswahrscheinlichkeit mit 50 % anzusetzen, was beispielsweise erlaubt, einen Zuschlag im Erfolgsfall von 100 % bei einer no win – no fee- Vereinbarung festzulegen. Bei einer Erfolgswahrscheinlichkeit von 50 % ergibt sich folgende Tabelle angemessener Zuschläge im Sinne von § 4a Abs. 2 RVG.[347]

Abschlag von der gesetzlichen Vergütung im Misserfolgsfall in %	Zuschlag zur gesetzlichen Vergütung im Erfolgsfall in %	189
10	10	
20	20	
30	30	
40	40	
50	50	
60	60	
70	70	
80	80	
90	90	
100	100	

Die Beurteilung der Erfolgsaussichten ist der entscheidende Parameter, welcher die Höhe des Erfolgshonorars mitbestimmt. Liegt die Erfolgswahrscheinlichkeit unter 50 %, kommt der Erfolgswahrscheinlichkeit eine Art „Hebelwirkung" zu, welche relativ hohe Erfolgshonorare erlaubt. Sachlich gerechtfertigt ist dies durch die Überlegung, dass der Gesetzgeber bei der Berechnung des zulässigen angemessenen Zuschlags ausweislich der Gesetzesbegründung davon ausgeht, dass die Zu- und Abschläge von der gesetzlichen Vergütung so bemessen sein sollen, dass sich auf der Basis der gegebenen Er- 190

345 BT-Drs. 16/8384, 11; der Gesetzgeber hat zwar durch das Gesetz zur Förderung verbrauchergerechter Angebote im Rechtsdienstleistungsmarkt die bislang in § 4a Abs. 1 S. 2 RVG aF enthaltene Regelung auf außergerichtliche Angelegenheiten erweitert und in den neuen § 4 Abs. 2 RVG eingestellt, ob der Zuschlag angemessen ist, ist jedoch wie bisher zu beurteilen vgl. BT-Drs. 19/27673, 37.

346 Vgl. *Kritzer*, Risks Reputations and Rewards, S. 67 ff.

347 Gerold/Schmidt/*Mayer* RVG § 4a Rn. 20.

folgswahrscheinlichkeit die durchschnittlich erzielten Gebühren in den Fällen, in denen ein Misserfolg eintrat und in denen ein Erfolg erzielt wurde, in der Höhe der gesetzlichen Gebühren bewegen.[348] Dies führt natürlich dazu, dass dann, wenn die Erfolgswahrscheinlichkeit mehr oder minder deutlich unter 50 % liegt, recht hohe Zuschläge für den Erfolgsfall vereinbart werden können. Liegt beispielsweise die Erfolgswahrscheinlichkeit bei 25 %, so bedeutet dies, dass bei vier Fällen in drei Fällen ein Misserfolg eintritt. Der Zuschlag zu den gesetzlichen Gebühren in dem einen, gewonnenen Fall muss daher so sein, dass er die Unterschreitung der gesetzlichen Gebühren den anderen drei verlorenen Fällen rechnerisch ausgleicht.[349]

191 Liegt eine sogenannte „no win – no fee“-Vereinbarung vor, soll der Rechtsanwalt im Misserfolgsfall keine Vergütung erhalten, muss der angemessene Zuschlag über dem Zuschlag liegen, der beispielsweise dann noch angemessen ist, wenn im Erfolgsfall vom Mandanten lediglich 1/10 der gesetzlichen Gebühren geschuldet wird[350]. Dies bedeutet, dass bei einer Erfolgswahrscheinlichkeit von 50 % im Falle einer „no win – no fee“-Vereinbarung der angemessene Zuschlag so gestaltet sein muss, dass im Erfolgsfall der Mandant mindestens das Doppelte der gesetzlichen Vergütung zu zahlen hat, bei einer Erfolgswahrscheinlichkeit von 1/3 mindestens das dreifache und bei einer Erfolgswahrscheinlichkeit von nur 25 % mindestens das Vierfache der gesetzlichen Vergütung.[351]

192 Ein präzises Ausdifferenzieren der Erfolgswahrscheinlichkeit zum Zeitpunkt des Abschlusses der Vergütungsvereinbarung ist vielfach kaum möglich. Insbesondere muss bezweifelt werden, ob angesichts eines komplexen Rechtssystems eine seriöse juristische Bewertung zum Zeitpunkt des Abschlusses der Vergütungsvereinbarung überhaupt so marginale Unterschiede von 10 % wie in dem Berechnungsmodell → Rn. 187 enthalten erlaubt.[352]

193 Kalkulatorisch lässt sich die Vergütung durch Erfolgshonorar für den Anwalt nur dann wirksam in den Griff bekommen, wenn man die einzelnen Fälle als eine Art Investment begreift. In den USA wird die Tätigkeit der auf Erfolgshonorarbasis arbeitenden Anwälte beschrieben als das Management eines „Portfolios“ von Fällen.[353] Nimmt man jedoch die im deutschen Recht gegebenen Voraussetzungen für die Zulässigkeit der Vereinbarung eines Erfolgshonorars ernst, so stellt nach wie vor die Variante in § 4a Abs. 1 S. 1 Nr. 3 RVG, also die Variante, welche die vom Streitwert her „interessanten“

348 BT-Drs. 16/8384, 11; Gerold/Schmidt/*Mayer* RVG § 4a Rn. 21.
349 Gerold/Schmidt/*Mayer* RVG § 4a Rn. 21.
350 Gerold/Schmidt/*Mayer* RVG § 4a Rn. 21.
351 Gerold/Schmidt/*Mayer* RVG § 4a Rn. 21.
352 Gerold/Schmidt/*Mayer* RVG § 4a Rn. 22.
353 *Kritzer*, Risks Reputations and Rewards, S. 11.

Fälle der Erfolgshonorarvereinbarung betrifft, darauf ab, dass es sich um einen „Einzelfall“ handeln muss. Ob es vor diesem Hintergrund überhaupt möglich ist, dass ein Anwalt die ausreichende Anzahl von Fällen, in denen er zulässigerweise ein Erfolgshonorar vereinbaren kann, zur Verfügung hat, um überhaupt das Erfolgshonorar kalkulatorisch in den Griff zu bekommen, wird nach wie vor zu bezweifeln sein.

Synopse

Fassung bis 30.9.2021	Fassung ab 1.10.2021
§ 3a Vergütungsvereinbarung	
(1) [1]Eine Vereinbarung über die Vergütung bedarf der Textform. [2]Sie muss als Vergütungsvereinbarung oder in vergleichbarer Weise bezeichnet werden, von anderen Vereinbarungen mit Ausnahme der Auftragserteilung deutlich abgesetzt sein und darf nicht in der Vollmacht enthalten sein. [3]Sie hat einen Hinweis darauf zu enthalten, dass die gegnerische Partei, ein Verfahrensbeteiligter oder die Staatskasse im Falle der Kostenerstattung regelmäßig nicht mehr als die gesetzliche Vergütung erstatten muss. [4]Die Sätze 1 und 2 gelten nicht für eine Gebührenvereinbarung nach § 34.	
(2) [1]Ist eine vereinbarte, eine nach § 4 Abs. 3 Satz 1 von dem Vorstand der Rechtsanwaltskammer festgesetzte oder eine nach § 4a für den Erfolgsfall vereinbarte Vergütung unter Berücksichtigung aller Umstände unangemessen hoch, kann sie im Rechtsstreit auf den angemessenen Betrag bis zur Höhe der gesetzlichen Vergütung herabgesetzt werden. [2]Vor der Herabsetzung hat das Gericht ein Gutachten des Vorstands der Rechtsanwaltskammer einzuholen; dies gilt nicht, wenn der Vorstand der Rechtsanwaltskammer die Vergütung nach § 4 Abs. 3 Satz 1 festgesetzt hat. [3]Das Gutachten ist kostenlos zu erstatten.	(2) [1]In der Vereinbarung kann es dem Vorstand der Rechtsanwaltskammer überlassen werden, die Vergütung nach billigem Ermessen festzusetzen. [2]Ist die Festsetzung der Vergütung dem Ermessen eines Vertragsteils überlassen, so gilt die gesetzliche Vergütung als vereinbart.
(3) [1]Eine Vereinbarung, nach der ein im Wege der Prozesskostenhilfe beigeordneter Rechtsanwalt für die von der Beiordnung erfasste Tätigkeit eine höhere als die gesetzliche Vergütung erhalten soll, ist nichtig.	(3) [1]Ist eine vereinbarte, eine nach Absatz 2 Satz 1 von dem Vorstand der Rechtsanwaltskammer festgesetzte oder eine nach § 4a für den Erfolgsfall vereinbarte Vergütung unter Berücksichtigung aller Umstände

Fassung bis 30.9.2021	Fassung ab 1.10.2021
[2]Die Vorschriften des bürgerlichen Rechts über die ungerechtfertigte Bereicherung bleiben unberührt.	unangemessen hoch, kann sie im Rechtsstreit auf den angemessenen Betrag bis zur Höhe der gesetzlichen Vergütung herabgesetzt werden. [2]Vor der Herabsetzung hat das Gericht ein Gutachten des Vorstands der Rechtsanwaltskammer einzuholen; dies gilt nicht, wenn der Vorstand der Rechtsanwaltskammer die Vergütung nach Absatz 2 Satz 1 festgesetzt hat. [3]Das Gutachten ist kostenlos zu erstatten.
	(4) [1]Eine Vereinbarung, nach der ein im Wege der Prozesskostenhilfe beigeordneter Rechtsanwalt für die von der Beiordnung erfasste Tätigkeit eine höhere als die gesetzliche Vergütung erhalten soll, ist nichtig. [2]Die Vorschriften des bürgerlichen Rechts über die ungerechtfertigte Bereicherung bleiben unberührt.
§ 4 Erfolgsunabhängige Vergütung	**§ 4 Unterschreitung der gesetzlichen Vergütung**
(1) [1]In außergerichtlichen Angelegenheiten kann eine niedrigere als die gesetzliche Vergütung vereinbart werden. [2]Sie muss in einem angemessenen Verhältnis zu Leistung, Verantwortung und Haftungsrisiko des Rechtsanwalts stehen. [3]Liegen die Voraussetzungen für die Bewilligung von Beratungshilfe vor, kann der Rechtsanwalt ganz auf eine Vergütung verzichten. [4]§ 9 des Beratungshilfegesetzes bleibt unberührt.	(1) [1]In außergerichtlichen Angelegenheiten kann eine niedrigere als die gesetzliche Vergütung vereinbart werden. [2]Sie muss in einem angemessenen Verhältnis zu Leistung, Verantwortung und Haftungsrisiko des Rechtsanwalts stehen. [3]Ist Gegenstand der außergerichtlichen Angelegenheit eine Inkassodienstleistung (§ 2 Absatz 2 Satz 1 des Rechtsdienstleistungsgesetzes) oder liegen die Voraussetzungen für die Bewilligung von Beratungshilfe vor, gilt Satz 2 nicht und kann der Rechtsanwalt ganz auf eine Vergütung verzichten. [4]§ 9 des Beratungshilfegesetzes bleibt unberührt.
(2) [1]Der Rechtsanwalt kann sich für gerichtliche Mahnverfahren und Zwangsvollstreckungsverfahren nach den §§ 802a bis 863 und 882b	

Fassung bis 30.9.2021	Fassung ab 1.10.2021
bis 882f der Zivilprozessordnung verpflichten, dass er, wenn der Anspruch des Auftraggebers auf Erstattung der gesetzlichen Vergütung nicht beigetrieben werden kann, einen Teil des Erstattungsanspruchs an Erfüllungs statt annehmen werde. [2]Der nicht durch Abtretung zu erfüllende Teil der gesetzlichen Vergütung muss in einem angemessenen Verhältnis zu Leistung, Verantwortung und Haftungsrisiko des Rechtsanwalts stehen.	
(3) [1]In der Vereinbarung kann es dem Vorstand der Rechtsanwaltskammer überlassen werden, die Vergütung nach billigem Ermessen festzusetzen. [2]Ist die Festsetzung der Vergütung dem Ermessen eines Vertragsteils überlassen, gilt die gesetzliche Vergütung als vereinbart.	

§ 4a Erfolgshonorar

Fassung bis 30.9.2021	Fassung ab 1.10.2021
(1) [1]Ein Erfolgshonorar (§ 49b Abs. 2 Satz 1 der Bundesrechtsanwaltsordnung) darf nur für den Einzelfall und nur dann vereinbart werden, wenn der Auftraggeber aufgrund seiner wirtschaftlichen Verhältnisse bei verständiger Betrachtung ohne die Vereinbarung eines Erfolgshonorars von der Rechtsverfolgung abgehalten würde. [2]In einem gerichtlichen Verfahren darf dabei für den Fall des Misserfolgs vereinbart werden, dass keine oder eine geringere als die gesetzliche Vergütung zu zahlen ist, wenn für den Erfolgsfall ein angemessener Zuschlag auf die gesetzliche Vergütung vereinbart wird. [3]Für die Beurteilung nach Satz 1 bleibt die Möglichkeit, Beratungs- oder Prozesskostenhilfe in Anspruch zu nehmen, außer Betracht.	(1) [1]Ein Erfolgshonorar (§ 49b Absatz 2 Satz 1 der Bundesrechtsanwaltsordnung) darf nur vereinbart werden, wenn 1. sich der Auftrag auf eine Geldforderung von höchstens 2 000 Euro bezieht, 2. eine Inkassodienstleistung außergerichtlich oder in einem der in § 79 Absatz 2 Satz 2 Nummer 4 der Zivilprozessordnung genannten Verfahren erbracht wird oder 3. der Auftraggeber im Einzelfall bei verständiger Betrachtung ohne die Vereinbarung eines Erfolgshonorars von der Rechtsverfolgung abgehalten würde. [2]Eine Vereinbarung nach Satz 1 Nummer 1 oder 2 ist unzulässig, soweit sich der Auftrag auf eine Forderung bezieht, die der Pfändung

Fassung bis 30.9.2021	Fassung ab 1.10.2021
	nicht unterworfen ist. [3]Für die Beurteilung nach Satz 1 Nummer 3 bleibt die Möglichkeit, Beratungs- oder Prozesskostenhilfe in Anspruch zu nehmen, außer Betracht.
(2) Die Vereinbarung muss enthalten: 1. die voraussichtliche gesetzliche Vergütung und gegebenenfalls die erfolgsunabhängige vertragliche Vergütung, zu der der Rechtsanwalt bereit wäre, den Auftrag zu übernehmen, sowie 2. die Angabe, welche Vergütung bei Eintritt welcher Bedingungen verdient sein soll.	(2) In anderen als den in Absatz 1 Satz 1 Nummer 2 genannten Angelegenheiten darf nur dann vereinbart werden, dass für den Fall des Misserfolgs keine oder eine geringere als die gesetzliche Vergütung zu zahlen ist, wenn für den Erfolgsfall ein angemessener Zuschlag auf die gesetzliche Vergütung vereinbart wird.
(3) [1]In der Vereinbarung sind außerdem die wesentlichen Gründe anzugeben, die für die Bemessung des Erfolgshonorars bestimmend sind. [2]Ferner ist ein Hinweis aufzunehmen, dass die Vereinbarung keinen Einfluss auf die gegebenenfalls vom Auftraggeber zu zahlenden Gerichtskosten, Verwaltungskosten und die von ihm zu erstattenden Kosten anderer Beteiligter hat.	(3) In eine Vereinbarung über ein Erfolgshonorar sind aufzunehmen: 1. die Angabe, welche Vergütung bei Eintritt welcher Bedingungen verdient sein soll, 2. die Angabe, ob und gegebenenfalls welchen Einfluss die Vereinbarung auf die gegebenenfalls vom Auftraggeber zu zahlenden Gerichtskosten, Verwaltungskosten und die von diesem zu erstattenden Kosten anderer Beteiligter haben soll, 3. die wesentlichen Gründe, die für die Bemessung des Erfolgshonorars bestimmend sind, und 4. im Fall des Absatzes 1 Satz 1 Nummer 3 die voraussichtliche gesetzliche Vergütung und gegebenenfalls die erfolgsunabhängige vertragliche Vergütung, zu der der Rechtsanwalt bereit wäre, den Auftrag zu übernehmen.

§ 4b Fehlerhafte Vergütungsvereinbarung

[1]Aus einer Vergütungsvereinbarung, die nicht den Anforderungen des § 3a Abs. 1 Satz 1 und 2 oder des § 4a	[1]Aus einer Vergütungsvereinbarung, die nicht den Anforderungen des § 3a Abs. 1 Satz 1 und 2 oder des § 4a Ab-

Fassung bis 30.9.2021	Fassung ab 1.10.2021
Abs. 1 und 2 entspricht, kann der Rechtsanwalt keine höhere als die gesetzliche Vergütung fordern. [2]Die Vorschriften des bürgerlichen Rechts über die ungerechtfertigte Bereicherung bleiben unberührt.	satz 1 und 3 Nummer 1 und 4 entspricht, kann der Rechtsanwalt keine höhere als die gesetzliche Vergütung fordern. [2]Die Vorschriften des bürgerlichen Rechts über die ungerechtfertigte Bereicherung bleiben unberührt.

Musterverzeichnis

Literaturverzeichnis

Beck'scher Online-Kommentar Arbeitsrecht, hrsg. v. *Rolfs/Giesen/Kreikebohm/Meßling/Udsching*
(zit. BeckOK ArbR/*Bearbeiter*), 62. Edition 2021

Beck'scher Online-Kommentar BGB, hrsg. v. *Hau/Poseck*
(zit. BeckOK BGB/*Bearbeiter*), 60. Edition 2021

Beck'scher Online-Kommentar RVG, hrsg. v. *von Seltmann*
(zit. BeckOK RVG/*Bearbeiter*), 54. Edition 2021

Beck'scher Online-Kommentar ZPO, hrsg. v. *Vorwerk/Wolf*
(zit. BeckOK ZPO/*Bearbeiter*), 43. Edition 2022

Bischof/Jungbauer/Bräuer/Hellstab/Klipstein/Klüsener/Kerber, RVG-Kommentar, 9. Auflage 2021

Gerold/Schmidt, RVG, Kommentar, 25. Auflage 2021

Hansens/Braun/Schneider, Praxis des Vergütungsrechts, 2. Auflage 2006
(zit. HBS VergütungsR)

Hartung/Schons/Enders, RVG, Kommentar, 3. Auflage 2017

Kritzer, Risks Reputations and Rewards, 2004

Mayer/Kroiß, Rechtsanwaltsvergütungsgesetz, Handkommentar,
8. Auflage 2021

Müller-Glöge/Preis/Schmidt, Erfurter Kommentar zum Arbeitsrecht,
22. Auflage 2022

Musielak/Voit, Zivilprozessordnung, Kommentar, 18. Auflage 2021

Schneider, Vergütungsvereinbarung, 2005

Schneider/Volpert (Hrsg.), AnwaltKommentar RVG, 9. Auflage 2021

Toussaint, Kostenrecht, 21. Auflage 2021

Zöller, Zivilprozessordnung, Kommentar, 34. Auflage 2021

Stichwortverzeichnis

Die Zahlen bezeichnen die Randnummern.

Zeitfracht Medien GmbH
Ferdinand-Jühlke-Straße 7
99095 Erfurt, Deutschland
produktsicherheit@kolibri360.de